JN437786

시 읽기의 새로운 물음

New Questions in Poetry Reading:
A Collection of Critiques by Byung-Geum Lee

시 읽기의 새로운 물음

이병금 평론집

I

두 권의 시집 함께 읽기

01 가을에서 겨울 사이에 핀 꽃 ······ 8
02 구름 농사와 인공 자연 ······ 22
03 지금 몇 시요? ······ 35
04 그냥, 춤을 춰 ······ 48
05 한 줄기 노래는 멈추지 않으리라 ······ 72
06 다시 가을이다 ······ 92

II

다섯 편의 시로 시인 읽기

01 바람이 불어가는 곳에서 시작하다 …………… 116

02 자연에서 배운 호흡법 …………… 128

03 나를 뛰어넘는 방법 …………… 140

04 골목을 잃어버린 사람들 …………… 153

05 작은 혁명 …………… 168

06 2015년, 김영산 새 꽃피우기 설명서 …………… 181

07 보름달의 배후를 보다 …………… 195

08 몸을 살다 …………… 208

09 그녀는 그럼에도 시를 쓴다 …………… 222

10 몸과 몸의 교차점에서 흘러넘치기 …………… 235

11 2013년 이하의 타임머신 …………… 247

12 그의 그늘에서 숨은 색 찾기 …………… 260

I

두 권의 시집
함께 읽기

가을에서 겨울 사이에 핀 꽃

– 장옥관의 『사람이 없었다고 한다』, 정화진의 『끝없는 폭설 위에 몇 개의 이가 또 빠지다』

가을녘을 비스듬히 걸어가다

장옥관 시인은 1987년 『세계의 문학』으로 등단하고 다섯 권의 시집과 한 권의 동시집을 출간했으며 『그 겨울 나는 북벽에 살았다』(문학동네, 2013) 이후 십 년 만에 상재한 여섯 번째 시집, 『사람이 없었다고 한다』(문학동네, 2022)로 김종삼문학상을 수상하기도 했다. 이번 시집에도 실린 「무논에 백일홍을 심다」 외 네 편이 2014년 노작문학상에 선정되기도 했는데 그 심사평에서 그의 시 세계를 언뜻 엿볼 수 있다. "장옥관 시인의 시 세계는 남달리 능숙한 미문이 섬세하고 화사하며 특히 수상작 「무논에 백일홍을 심다」에서 보여주는 발상의 전환과 사물의 이면을 더듬는 촉수가 그의 시가 가진 감동의 깊이를 더해준다."(노작문학상 심사평) 이에 대한 시인의 소감은 겸허하지만 뜨겁다. "비록 타다 만 부지깽이 같은 거친 언어지만 그것으로 삶이라는 흙 마당에 깊이 획을 긋는 시, 놀라운 감탄보다는 뜨거운 신음을 불러오는 시, 읽을수록 의미가 벌어지고 마음속 아득함만 가득 차는 시를 꿈꾸고자 한다." 삶이라는 마당에 그의 시는 뿌리내리고 뻗어나서 깊은 신음이 터져 나는 사람살이의 응결점에 가닿으려 한다. 또한 읽을수록 의미가 커져서 아득함이 행간 너머로 흘러넘치는 시꽃을 피우고자 한다.

십 년 시간의 집성체인 이번 시집에서 특이점은 무엇일까? 인간 삶에서 가장 큰 기호라 할 수 있는 죽음에 대한 인식이 두드러지며 그것을 언어화하려는 가열 찬 작업을 볼 수 있다. 그로 인해 밖으로 향해 있던 시의 촉수들이 시인 자신에게 집중되는 변곡점을 보여준다. 십 년 만에 재배치한 기표의 연쇄를 따라가다 보면 시인은 타인들의 죽음이나 자신이 겪었던 유사 죽음의 사건을 통해 탈존의 상태에서 거꾸로 자신이 처한 상황을 바라본다. 적어도 이런 시각(관점)으로 죽음 넘어 텅 빈 무엇("이윽고 흰 바탕만 여기/ 남을 것이네// 나는 없네/ 애초에 없었던 시선 밖으로")에 대한 인식이 강화되며 이에 대한 언어수행이 이번 시집의 주요 부분을 차지한다. 이런 판단에 설 때 자연스레 묻지 않을 수 없다. 인간의 본래 모습은 어떠했으며 또 어떠해야 하는지, 삶과 죽음의 메꿀 수 없는 간극을 통해 마지막까지 잊어서는 안 되는 것과 지금 놓아버려야 할 것에 대한 물음이다. 물론 그건 언어 놀이로 나열하는 방식이 아니라, 실제 그가 겪은 일들로 시의 육체성이 담보되고 있다. 시집의 첫 번째 시에서 그의 현존재에 대한 발견과 물음의 깊이를 만날 수 있다.

항아리를 들고 서 있는데 누가 말을 걸어왔다 입이 없는 사람이었다

둥근 배가 슬펐다 항아리처럼 슬픈 얼굴이었다 항아리인 줄 알았는데 네 얼굴이었다

안을 수도 없고 내려놓을 수도 없었다 웃는 듯 우는 듯 금 간 얼굴에 물비린내가 슬쩍 묻어났다

–「항아리」 전문

이 시엔 세 개의 시선과 대표 사물로서 항아리가 등장한다. 항아리를 들고 서 있는 자와 말을 걸어오는 자, 그리고 이 모든 걸 지켜보는 전지적 관찰자다. 시적 화자에게 문득 닥친 하나의 사건, 자신이 사물화된 지점과의 우연한 마주침! (내가) 항아리를 들고 서 있는데 누군가 말을 걸어온다. 그런데 그에겐 입이 없으므로 그 말을 (내가) 귀로 들은 게 아니라, 언어 너머의 소리로 들은 것이다. 이 사태를 통해 자신의 불룩한 배가 항아리가 아닐까 의심하게 되고 그런 상태에서 이걸 내려놓을 수도, 안을 수도 없이 자기 안의 타자성을 인식하게 된다. 이때 울어야 할지, 웃어야 할지……. 그 사이 자아의 얼굴엔 금이 가 있다는 것을 관찰자–자아는 깨달으며 깨진 자아를 다시금 확인하듯 금 간 항아리에서 물비린내를 맡는다. 자화상의 구도처럼 자신을 응시하는 시선을 통해 입이 없는 내면의 내가 말을 걸어온 것이다. 인간의 형상 이전에 비롯된 근원과의 직면이랄까. 그러나 근원을 결코 만날 수는 없다. 그것은 언어

의 세상으로 던져지면서 건너온 망각의 강 너머니까. 언어 세상의 끝, 경계 지점에서 어쩌다 우리는 엑스터시를 경험하듯 침묵의 광활함을 느껴 보지만 그것이 실재한다는 걸 증명할 수는 없다. 그러므로 항아리 안의 물비린내를 언뜻언뜻 맡을 뿐이다.

돌았다 달의 테두리를 따라 돌았다

이지러질 때도 있었고 배꽃 이우는 밤도 있었다 돌의 그늘 속에서 너는 문득 차가웠다 물에 갇힌 눈이라고 말하진 않겠다 호수를 그득 채운 눈동자라고도 하지 않겠다

아픈 몸이라고,

아파서 매화가 핀 것이라고 누가 일러줬다 골짜기를 따라 흘러내리는 희미한 향기

–「호수를 한 바퀴」 부분

호수에 풍덩 몸을 던질 수는 없다. 시적 화자는 호수 주변을 한 바퀴 돌면서 호수가 하늘에 떠 있는 달이라고 생각한다. 따라서 화자는 호수를 돌고 있지만 상승한 에너지로서 상상력은 달의 테두리를 따라 걷게 되고 호수–달이 이지러질 때도 있었고 배꽃이 이울던 밤도 흘러갔음을 본다. 달과 호수는 서로 호응하면서 그 미학적인 의미 폭이 커지고 호수를 그득 채운 눈동자로 확대된다. 하얗고 투명하고 번들거리며 차갑고 슬프고……. 언어로 고정되기 전 이미지(규정되기 싫어하는)들이 넘실댄다. 그것이 살아 있는 이유라는 듯, 아득한 길에 홀리는 것이 삶의 기쁨이라는 듯. 그러나 달의

테두리를 도는 것이 마냥 쉬운 일은 아니다. 깨어 있는 순간의 강도를 높여가고 늘여가기! 이것은 달, 이것은 호수, 이것은 눈동자! 마모되어가는 육체를 매번 일으키는 게 얼마나 어려운가. 그래서 거기엔 "사람이 없었다고 한다." 비틀리고 거뭇한 가지에서 은빛 매화꽃이 피는 것처럼 썩어가는 몸이 있기에 달을 올려다보고 눈동자에 호수를 그득 채울 수 있는 것일까. 그러기에 "아픈 몸이라고." 삶의 골짜기를 따라 희미한 향기가 흘러내린다고.

이 늦은 밤에, 잠도 자지 않고
새들이 물속에 앉아 있는 이유가 먹이 때문은 아닐 것이다
(………)
어둠에 몸 섞이고 있는 새들
높아가는 물소리에도 고요히 움직이지 않는 새들
무서운 새들 그리고
돌멩이

—「밤에도 새들은」 부분

책상 위의 시집을 집어드는데
돌이 굴러떨어졌다
입력을 기다리며 껌벅이던 커서가 눈을 똥그랗게 뜨고 바라보았다
돌의 탄생이다
높낮이 없이 울어대던 매미가 탄생한다
사랑은 어떻게 탄생하는가 미역국도 없이 사랑은 어떻게 탄생하는가 원

래 있던 것이 생겨나는 게

탄생일까

—「돌의 탄생」 부분

두 편의 시에서 보듯 '돌멩이'는 두 시가 만들어진 제1원인 역할을 한다. 인간이 사물을 인식하기 이전에 거기 엄연히 있어 온 물 자체. 돌멩이는 개체로 나뉘어 있지만 하나도 같은 모양이 없다. 물론 색깔도 그렇다. 돌멩이치고 수만 년 시간이 축적되지 않은 게 없다. 그러나 어떤 소통이 가능할까? 그것에 대해 생각할수록 정말 아무것도 모른다는 것을 알게 된다. 차라리 돌멩이는 캄캄한 밤이니 물, 불, 흙 같은 대상과 더 연결 고리를 갖는 것 같다. 주체인 내가 어떻게 할 수 없는 것들, 무기물인 돌멩이처럼 「밤에도 새들은」 속 새들과 오리, 백로는 '밤 속, 높아가는 물소리'에도 움직이지 않는다. 어둠과 섞이고 있다. 인간이라는 주체에게 개체성이 사라질 때, 육체가 무기질로 변할 때 느끼는 무서움, 공포는 그들에게 잘 보이지 않는다. 어둠 속에 지워지는 목소리의 디크리센도, 개체가 무화되는 죽음으로 우주의 시스템은 돌아가고 있다. 자아는 이드(무의식)를 이길 수 없듯 인간은 시간을 돌릴 수 없다. 그렇다면 싸워보지도 않고 혹은 아무리 최대치로 싸운다 해도 이길 수 없는 전쟁터에 던져졌단 말인가. 어떻게 이 싸움에서 살아남을 수 있을까? 인간은 수평적이면서 아울러 수직적 의미의 존재자다. 시간과 순간을 넘나들면서 늘 새롭게 태어나는 주체이기도 하다. 그걸 아는 것이 상징계 안에 들어온 죽음을 가로질러 다시 태어나는 일이고 사랑을 시작하는 방식이 아닐까. 그래서 시인은 「돌의 탄생」에서 '돌이 지금 눈뜬다'고 말한다.

> 날마다 순간마다 탄생이 있어서 빛과 어둠이 자리 바꾸고 장미는 꽃잎을 벌린다 장미의 입안은 가시가 그득하고
> 순간이 탄생한다 굴러떨어져
> 지금 눈뜨는 돌
>
> –「돌의 탄생」 부분

죽음 너머엔 아무것도 없을지 모른다. 지금 있는 이것이 전부일 수도 있다. 지금, 이곳에서조차 끝없이 "생멸, 생멸. 하얗게 빛나고" 있는 것들이 존재의 뼈를 만들고 있으니까. 어쩌면 오랜 착각이었는지 모른다. '나'란 주체가 연속적인 무엇이라는 믿음, 시커먼 바윗덩이가 무서운 속도로 내게 달려오는 그날이 오늘일 수도 있지 않은가. 우발적이지만 필연적인 사고 말이다. 따라서 이 세상을 살아가는 자세랄까. 살아있다는 버둥거림이랄까. 그 하나의 방식으로 잘게 시간을 토막쳐서 마디마다 극점에 가닿는 것. 생멸, 생멸하면서 다양한 관점을 갖고 전체를 향해 열어 밝히는 것, 그 방법론으로는 여러 가지가 있겠다. 일례로 삶의 길에 똑바로 서기보다는 "비스듬히 다만 비스듬히" 서서 존재자의 바탕색이 온통 흰 빛("문득 희미하게 바래가는/ 인화지 한 장")임을 바라보는 시야의 확보는 어떨까.

[겨울 정원]의 목소리를 듣다

정화진 시인은 「칼이 확대된다」(『세계의 문학』, 1986)로 작품활동을 시작하였고 『장마는 아이들을 눈뜨게 하고』(민음사, 1990), 『고요한 동백을 품은 바다가 있다』(민음사, 1994)를 출간했다. 문학지에서 이따금 만날 수 있었을 뿐, 이십팔 년이 지나고서야 세 번째 시집, 『끝없는 폭설 위에 몇 개의 이가 또 빠지다』(문학동네, 2022)를 내놓으면서 이미 사막이 되어버린 독자의 마음에 몇 날인가 흠뻑 비를 내렸다. 시집 속 목소리는 이전의 그녀면서도 달라진 그녀(들)이었으며 낮고도 깊고 어두우면서 밝음이 길었다. 다시 시의 목소리를 짚어갈수록 내리는 폭설은 색색의 스펙트럼으로 바뀌고 그녀들이 손을 내밀거나 무슨 말인가 웅얼거렸고 웃기도 한 것 같다. 결국 언어의 사슬로 엮은 환상일 테지만 그 환상 속에 몇 알의 씨앗이 숨어있음이 틀림없다. 그녀가 건네는 한 컵의 시를 마시고 마음이 달콤해진 사람이 있다면 '정밀의 시집'은 목마른 사람에게는 의미체로 거기 있는 것이다.

시들을 관통하는 시집 전체의 주제는 어쩌면 단순하달까? 그러나 그 주제를 변주해낸 결과물은 동류의 색깔이면서도 조금씩 달라져 있고 모양 또한 비슷하지만 하나도 같은 게 없다. 까닭에 처음 읽을 때와 열 번째 읽을 때가 같은 출발선에 놓이게 된다. 빛나는 세 번째 시집을 읽는 방법은 물론 많겠지만 무속 신화인 「바리데기」와 그 봉합선을 이어보면 어떨까. 2020년대를 살아가는 바리공주로서 시적 화자인 그녀는 인간 본래성을 상실한 현대의 군상, 돈이 우상이 되는 이 땅을 건너가면서 억압되고 배척된 타자에게 손을 내밀고자 한다. 그러나 그 타자는 외부에도 있지만 이미 자신의 무의식 깊이 침투한 타자성도 포함한다. 혹은 더 근원적으로 유한한 시간성으로의 존재자로서 존재에 대한 물음을 시작하는 긴 여정이라고 볼 수도 있겠다. 바리공주인 시적 자아는 저승세계로 대비되는 어둡고 끈덕진 욕망의 세계를 통과해서 생명수를 구할 수 있을까? 저승세계를 비추는 빛이면서 지도이기도 한 시집을 들고 그녀가 걸어간 길로 접어든다. '붕대를 풀고 나비떼처럼 날아오르고 싶지만' 그게 쉬운 일이 아님은 누구나 알고 있다.

> 오래 꿈을 꾸었네 바람이 끝없이 핥아주던 대지의 촉촉한 입술을 흠모하던 바다가 멀미를 하네 뿌리는 어디에 두고 왔는가 그대, 우리는 오랜 가근(假根)을 달고 대륙의 이쪽 끝과 저 끝으로 흘러갔다 돌아오곤 했네
>
> –「바리데기」 부분

그녀 시에 등장하는 목소리는 대개 둘, 셋으로 나눠진다. 이런 관점을 도식화하면 프로이드의 초자아, 자아, 이드(욕망)의 구도를 빌려볼 수도 있겠다. 초자아는 시 속에서 노인이나 바다 이미지로 출몰한다. 「바리데기」에서 보듯 바다는 '뿌리를 어디에 두고 왔느냐며 가짜 뿌리를 달고 이쪽에서 저 끝으로 흘러 다니는 그대'를 꾸짖는다. 그대는 '아주 오래전 바람이 끝없이 핥아주던 대지의 촉촉한 입술'이었다며 적막의 소리로 밀물진다. '가짜 뿌리에서 울리는 노래는 썩어 낙엽으로 뒹굴고 있다.' 그대는 유리창에 흔들리는 낮은 소리에 귀 기울이고 '생명의 나무 끝에 눈물을 조금 달아놓기

도' 한다. 시인이 의도한 바대로 시집 속 몇몇 목소리의 기획은 시에 입체적인 공간을 구축하여 상상력의 확장을 가져다준다. 현악 3중주의 소나타를 상상해보라. 변화무쌍한 악기 고유의 소리들이 주제를 전개해갈수록 여러 각도로 감각 촉수가 뻗어나가고 뭔지 모르는 상승의 기운 속으로 솟구친다. 한 권의 시집이란 단지 기호들의 집합일 뿐인데 언어를 사슬로 엮어 감정을 장착하고 의식을 일깨워 시간이란 옷을 입힌다. 언어로는 다 베껴낼 수 없는 시간이 공중에 떠 있다. 갑자기 궁금해진다. 이 드라마는 해피엔딩일까? 그러니까 그녀가 시를 쓰는 이유 말이다.

> 길은 검고 희고
> 꽃나무는 번쩍입니다.
> 저는 옷도 없고
> 아이를 안고 십으로 놀아가야만 합니다.
> 길이 너무 어두워
> 어떻게 이 아이를 데려가야 할까요?
> 군용차들은 검은 길 위에
> 저는 벗은 나무인 채
> 아이를 안고 있습니다.

– 「너에게 강을 빌려주었더니」 부분

그녀의 시는 상호주체적인 현실 생활에서의 타자가 거의 등장하지 않는다. 그녀의 자아가 반영된, 철저하게 기획된 소타자들의 연기력이 놀랍다. 그렇다면 품에 안긴 아이가 상징하는 건 무얼까? 선한 것도 아니고 악한 것도 아닌 사회의 법 바깥에 엄연히 존재하는 핏덩이, 그 의미는 생명 일반으로까지 확대된다. 어쩌면 존재자보다 먼저 거기 있는 존재 자체, 그것은 우리가 늘 세상에서 직면하는 삶의 사태가 아닐까. 오늘을 산다는 건 생명을 안고 군용차들이 서 있는 검은 길을 건너가는 것. 군용차는 사회의 질서를 유지한다지만 실은 권력자들의 욕망을 은폐한 기호며 법질서에 순응하지 않으면 살해하겠다는 위협이다. 그들에게 거역하면 결국 쥐도 모르게 죽는다는 것. 그렇지만 현존재로서 자아는 이 검은 길을 살아내야 한다. 초자아인 노인의 목소리를 때로 떠올리지만 현실을 살아내는 것은 노인이 아니다. 바로 핏덩이를 안고 있는 이곳에서의 나, 그래서 시적 자아는 노인이 기다리는 바다로 돌아가는 선택이 아닌 아이를 키워낼 수 있는 세상의 집으로 가고자 한다. 노인은 말한다. "강을 빌려주었더니 옷이 없다고? 목탄을 불쏘시개로 너는 그 빛나는 상상 창고를 불태우지 않았느냐? 저 길 밖으로 네가 떠나고 나는 외로웠다" 그녀는 노인에게 끈덕지게 말한다. '이 도시를 떠날 수 없다고' 그녀는 오래전 바다의 마녀에게 두 다리를 얻는 대신 꼬리를 내준 인어공주처럼 2022년 군용차의 검은 길을 걸어간다. 그녀가 서 있는 길엔 "여전히 짐승을 잡듯 사람들이 죽어나간다." 어떻게 아이를 안고 집에 갈 수 있을까.

그러니까 내가 그 노인을 만난 것은

티베트 어디쯤도 아닌 마을의 시장통에서였다

어떤 광포함 또는 그늘이 찾아다니는 골목 또는

광장으로 이어진 길 위에서는 여전히 짐승을 잡듯 사람들이 죽어나간다

내 옷자락을 잡은 것은 노인이 아니라 아마 그의 붉은 옷이 나를 거머쥔 것일 게다

오랜 세월 바람에 깎인 듯한 얼굴을 드러내며 미소 짓는

노인이 내게 내민 것은 말린 육포 조각이었다

(…………)

나는 그가 준 육포 조각으로 무엇을 할 수 있을 것인가

세상의 광장에서는 아직도 비명 소리가 들리고

군인들이 박쥐처럼 날아다닌다

－「새장 속의 육포 조각」 부분

"바람에 깎인 듯한 얼굴을 드러내며 미소 짓는" 노인은 마침내 그녀에게 육포 조각을 선넨다. 하필 육포를? 그걸 건네받은 곳은 수행자의 설산이 아니라 시장통 한가운데, '노인', '육포', '시장통'의 압축을 풀어보면 노인은 바람에 깎인 얼굴이므로 그 상징성이 스피노자의 능산적 자연(能産的 自然) 개념에 가깝다. 혹은 어떤 해체작업에도 살아남은 지혜로운 자로 이해할 수 있다. 육포는 생명을 숙여 햇빛과 바람에 말린 비상식(非常食)으로 그녀가 먼 길의 여정에 있음을 보여준다. 노인이 있을 곳이 설산일 텐데 삶의 현장인 시장통이라니? 타자를 죽임으로써 구축되는 상징계에서 죽임의 반대는 살림이다. 살림의 에너지는 사랑이므로 육포를 건네받은 그녀는 자신을 살리고 그 어디서든 그녀가 만나는 것들을 살려

내야 한다. 그러나 그녀가 진정한 사랑에 도달했다는 언급은 없다. 사랑은 너머에서 왔으니까. 지평선 너머 바다 너머. 그러므로 이 땅에서의 목숨이 다할 때까지 사랑은 끝내 이루어지지 않을 것이다. 인어공주의 사랑이 바다에 뛰어듦으로써 막을 내렸듯. '신단수 아래에서 꽃필 날을 기다리기도' 했지만 상징계를 건너가는 두 다리를 얻은 공주는 왕자에게 '당신을 살린 사람이 나'라는 말을 하지 못한다. 사랑은 말로 전달되는 것이 아니므로 현실법칙을 찢고 바다에 뛰어듦으로 비로소 그녀의 사랑은 완성된다.

형이상학책을덮고베르그송을덮고여윈나뭇가지가보이는이면도로창가에 오래앉아있었다

습한추위였다모두의외출은금지당했다서재문을닫고책위에흰천을덮어두었다눈이전혀오지않는겨울이지나가고있었다

사프란과튤립과콜치쿰과알리움,사랑과죽음과무지와맹목이무력함의정원에첫스노드롭꽃대를밀어올렸다

[겨울정원]에흰종소리가울렸다

—「[겨울 정원] 부분」

[겨울 정원]의 '[ ]'의 의미에 대해 오랫동안 생각했다. 수평적으로는 시작점과 끝점이 결정되어 있다. 마치 탄생과 죽음이라는 인간의 시간성을 말하는 듯. 그러나 위아래로는 뻥 뚫려 있다. 이 기호는 인간의 유한성 외에 글쓰기의 한계성으로 해석될 수 있다. 인간의 인

식은 생성하는 것을 고정시켜야 이해가 가능하다. 언어는 사물의 수많은 국면 중 한 면을 포착해서 보여줄 뿐이니까. 언어로 세계를 이해하려는 노력은 그러므로 허공이라는 열린 세계를 제한적으로 포획하는 작업이기에 단지 한 방식일 뿐, 또 다른 해석들이 얼마든지 가능하다는 상징으로의 괄호! 그러므로 괄호 안에 어떤 단어를 적어 넣든 그건 존재자들의 '사랑과 죽음', '무지와 맹목', '열망과 권태' 등의 결과물일 것이다. 그녀는 현재 이 지점에 이른 자신을 되돌아보면서 "겨울 정원"이라 적어놓았다. 언어로 피운 정원이 공중에 둥둥 떠올라 유영한다. 괄호 안의 겨울 정원은 오래지 않아 봄 정원으로 바뀔 수도 있고 장마, 장미, 미장원, 원폭, 폭포, 포항으로 변전할 수 있다. 그런 점에서 그녀는 언어의 마술사가 되기를 자처한 듯하다. 이런 방식의 시 쓰기는 인간이 처한 상황들이 하나의 언어로는 도저히 포착될 수 없다는 점, 지금, 이 시를 쓸 때 그 시간, 장소에서의 상태가 '겨울 정원'일 뿐이다. 그러니까 '색채가 끝난 시간, 생명의 춤이 멈춘 시간, 육체들이 허공으로 날아가버린' 때엔 이미 그녀는 다른 무엇이 되어 있다. 괄호 속에서 존재하는 개체들은 무수한 사건을 언어로 적어넣으며 명멸할 뿐이다. 그녀의 시집은 아주 오래된 지층처럼 지구 내부(인간의 무의식)로 뻗어 있지만 그걸로 세계를 다 그려낼 수 있는 것도 아니다. 떠도는 기표들이 만든 세계는 제한적인 괄호 속에서 비로소 존재할 뿐이다. 결국 세상의 눈으로 보면 인간의 유한성은 디스토피아일 수밖에 없지만 허락된 괄호 속에 꽃밭을 일구어가는 것, 그 꽃밭은 짙은 가을을 지나 겨울에 이르고 괄호 밖에서 울리는 흰 종소리를 들은 것도 같다.

구름 농사와 인공 자연

– 유재영의 『구름 농사』, 정현종의 『어디선가 눈물은 발원하여』

구름 농사를 짓다

1973년 박목월에게 시를, 이태극에게 시조를 추천받은 유재영 시인은 『와온의 저녁』 이후 팔 년 만에 『구름 농사』(동학사, 2022)를 출간했다. 시력 오십 년, 다섯 권의 시집과 세 권의 시조집을 출간한 그를 유튜브, '시조튜브'의 인터뷰에서 만날 수 있었다. "잘 아시겠지만 저는 과작 시인으로 알려졌습니다. 등단 오십 년에 시집 다섯 권, 시조집 세 권을 출간했습니다만 저 스스로 결코 적은 양으로 보진 않습니다. 김소월은 『진달래꽃』, 백석은 『사슴』 단 한 권의 시집으로 한국시의 문체를 바꾸지 않았습니까? 이에 비하여 저는 시집을 많이 출간한 것 같아 자괴감이 들 때가 있습니다." 자괴감! 뭔가 둔기로 얻어맞은 듯, 오십 년 시력의 시인을 다시금 들여다봤다. 시에 대한 완벽주의에 가까운 기준점, 그에 따른 작법에서의 염결성은 발표 바로 전까지 수정을 거듭하는 자기 검열을 거친다. 그렇게 시를 받들어온 뭉뚱그려진 시간에서 시에 대한 애정의 주름이 만져졌다. 인터뷰는 계속된다. 『구름 농사』의 의미를 묻자, 시집 어디에도 언급이 없는 굴원을 끄집어낸다. "이 시집은 중앙정치에 실패한 비극적 시인 굴원에 대한 이야기로 그의 대표작품 「초사」의 초월적 삶을 표현하고자 했습니다. 삶과 자연과 죽음의 연관성을 이 시집에서 갖고자 했습니다. 한국시의 어두운 부분과 사람과 사람 사이의 길을 가보고자 했습니다"

시인이 말한 것처럼 이 시집을 잘 읽어내기 위해선 길라잡이 격인 굴원에게 몇 가지 의문점을 물을 수밖에 없다. 그는 전국시대 초나라 회왕 때 권력 서열 이 인자에까지 이르렀으나 왕의 신임을 잃고 상관대부의 참소로 쫓겨나서 변방을 배회하다 멱라강에서 돌을 품에 안고 몸을 던졌다. 그의 드라마틱한 삶이 마치도 자본주의의 물신숭배 속에서도 길을 끝까지 가려는 이 시대 험난한 예술가이 초상과 오버랩된다. 자본주의는 인간 욕망의 보다 근본적인 문제를 포함하기에 단순하게 그 공동체 내의 법과 질서로 모순성의 뒤엉킴을 해결할 수는 없다. 인간 욕망의 과잉 상태, 통제 불가능한 무의식 위에서 예술가는 잠시 작품을 창조하는 순간 자유를 만끽한다. 의식의 고양 속에서만 인간은 보다 가벼운 질료로의 이동(확산)을 경험하며 이는 오래전부터 땅에서의 삶과 대비하여 하늘의 도를 따르는 것, 하늘과 합일하는 정신으로 해석되어왔다. 이런 의식 상태에서 굴원은 현실에서의 비참함과 억울함, 심지어 분노까지도 넘어설 수 있지 않았을까. 비록 멱라강에 몸을 던질지언정 그는 떳떳하고 자유로웠을 것이다. 작품 속에서나 삶과 죽음에서 보여준 그의 정신이 이천삼백여 년이 지난 지금도 인류 문화사의 흐름 속에 하늘을 펼쳐놓고 구름을 불러오고 위로를 선사한다. 이 땅에 살았지만 유한성에 붙박힌 삶이 아니라, 정신의 낚싯줄을 늘어뜨려 구름을 불러오는 법을 전승하였으며 그의 농사법을 지금도 배우려는 자가 있고 마침내 거두어들이는 수확물로 배부르지 않은가. 굴원 이후 그의 계보를 이은 이들을 열거하자면 너무나 많다. '자괴감'을 느낀다는 시인의 말은 김소월과 백석을 넘어 멀리 굴원이라는 거울에 비춰보았을 때 거기 드러나는 시인으로의 자신을 담금질하기 위함이 아닐까.

일용할 이슬 몇 홉,

악기 대용 귀뚜라미 울음 몇 말,

언제고 타고 떠날 추녀 끝 초승달,

책 대신 읽어도 좋을

저녁 어스름

아,

그 집에도

밥 먹는 사람이 있어

하늘 한 귀퉁이 빌려

구름 농사짓는다

—「구름 농사」 전문

결국 시인의 영토는 끊임없는 정신의 운동으로 그 너머의 공간으로 확장되고 시간의 당위성조차 뛰어넘을 수 있는 임계점으로 작동하고 있지 않은가. 그의 시의 장(場)에서 중심점 역할을 하는 것은 자연이며 자연의 특질로 말해질 수 있는 생명성이다. 형상을 가진 대상을 직접 붓질하는 것으로 작품을 구축하기보다는 대상 스스로 텅 빈 여백(무)에 붓질을 하도록 고요의 상태를 지속하는 것, 관조의 시선으로 자신을 비워내는 것, 그것은 일상적 시간의 흐름 속에서 몸을 돌려 대상 넘어 흐르지 않는 보편적 힘을 포착해내는 일이며 사물의 구성 원소인 물과 공기, 불, 흙으로 해체되는 사물과 빔 사이에서 지어 올리는 창조적 작업이라 하겠다. 생성하고 사라지는 생명의 이치, 피었다가 지는 생명의 양면성을 포착하기 위해 그의 감각의 촉수는 유난히 빠르고 힘이 있으며 섬세하다. 시각과 청각, 촉각, 후각 등 신체의 모든 감각을 마치도 마술사처럼 통시적으로 감지해내는 것은 그의 시를 선명한 색깔과 형태로 도드라지게 한다. 그의 시가 자연을 압축, 재현하여 기호화에 성공한 이유는 기억의 지층 속 오래 살아남은 감각 촉수들의 강렬함 때문이기도 하지만 하나의 작품에 등장하는 개체들, 그들의 얽혀듦의 장인 고요, 적막, 여백, 빔을 창작 방법론으로 인식하고 있는 때문이기도 하다. 그러니까 작품을 이루는 것은 언어로 자리매김된 대상만이 아니라, 여백이 함께 무게와 빛을 지닌 채 작용하고 있다는 점이다. 여백과 그 여백 속에 살아가는 개체들을 함께 포착하기 위해서 그는 마치 화가처럼 작품 밖에서 관찰자 시점을 견지한다. 즉 이중적 겹의 공간성을 한 편의 시에서 독자는 감지할 수 있다. 그의 시의 특장인 대상의 명징함, 심지어는 대상이 가진 본래적 형태와 색깔을 포착했다는 환상을 독자에게 충분히 심어주는 이유 또한 여백을 만들어낸 관조의 시적 방법론이 적용된 까닭이다.

> 오래전부터 산초 냄새 물씬 풍기는 물소리가 살고 있다 가끔씩 벼랑에서 떨어져 낙상한 물소리가 어디론가 사라진다 그런 날 밤엔 황도 12궁 옆자리에 새로 태어나는 별이 있다 그 별에서 난다는 산초 냄새는 극락전 앞까지 내려오기도 했다 고요한 밤이었다
>
> —「은적사」 전문

이 시를 만든 통합 감각체의 시인을 한 편의 영화감독으로 상정한다면 '산초 냄새가 나는 물소리'가 시(영화)의 주인공이다. 시 속 물소리는 분리될 수 있는 개체가 아니며 특별한 상황 속에서 산초 냄새가 풍길 때의 그 사건 속 물소리다. 후각에서 시각, 청각, 미각까지 전이되는 감각을 따라가면서 감독이 완성한 한 편의 영화, 은적사로 깊이 들어가면 시인이 머물렀던 그 시간과 공간에 도달한

것도 같다. 고요한 밤이다. 그런 밤엔 새로 태어나는 별의 냄새가 스치기도 한다. 감도 높은 감각 렌즈로 대상을 포획했지만, 묵묵히 흰 여백을 바라보는 감독, 혹은 화가는 붓을 들었다가 놓고 다시 먹을 갈고 저녁이 먹빛으로 바뀔 때까지 여간해선 물소리를 그려내지 않는다. 관조의 미학은 사물 스스로가 자기를 드러낼 때까지, 혹은 드러낼 수 있도록 관찰자는 거리를 두고 그 사물들의 질서를 따라가면서 서로 얽혀들고 나눠지는 움직임에 대해 생각하고 그런 시간의 축적을 통해서만 작품의 미적 형식을 끌어낸다. 바로 이러한 점이 그의 작품이 동양의 미학 정신과 이어져 있으며 자연이라는 거대한 공간에 인간은 한 점으로 존재할 뿐, 더불어 함께 빛나는 시공간의 창조가 일어난다.

여보게, 통성명도 없이 어깨를 툭! 치는 것이 있다. 보지 않아도 그것은 올해 내가 듣는 청동색 마시막 실눈, 층층나무 아래 며칠 전 죽은 사슴벌레 풍장을 하고 와서 울먹이는 등 휘인 바람소리 같은 것, 성냥불빛 만한 가을 저녁마저 이렇게 보내고 나면 내일은 물구나무 선 그 많은 생각들 아아 또 어쩔 것인가. 창밖에 불콰하게 익은 달 걸어 놓고 막 버스 놓쳐 가며, 인생이 뭐 별거냐며 종점 국밥집 혼술 마시며

–「인생 달밤」 전문

마흔네 편의 작품 중 마지막 시에서 시인은 비로소 작품 속으로 들어가 '혼술 마시며 인생이 뭐 별거냐'는 속내를 털어놓는다. 솟아올랐다가 사그라져야 할 몸을 가진 인간이기에 세계를 굴절되게

바라볼 수밖에 없지만 모든 감각을 열어젖히고 자연(세계)과의 만남을 이룬 순간의 조각들이 드러낸 지층이 얼마나 맑고도 깊은지를 그가 만든 작품들 속에서 추경험할 수 있다. 늦은 가을에 어깨를 툭 치는 나뭇잎, 그의 전언은 슬프고도 다정하다. '다음은 당신 차례야!' 쭈그러진 나뭇잎은 며칠 전 풍장 당한 사슴벌레와 형태와 색깔에서 비슷한 연상을 통한 은유로 의미가 확장된다. 그 확대는 인생의 겨울이 오면 나뭇잎이나 사슴벌레의 길을 따라갈 수밖에 없는 종점에 이른 한 인간으로 이어진다. 이 무심한 자연의 굽이침에서 개체란 어쩌면 순간순간 명멸할 뿐, 실체란 없는 건지도 모르겠다. 원본도 정답도 없이 자연의 살이 거기 반복적 파동을 통해 인간과 사슴벌레, 나뭇잎이란 특별한 무늬를 만들 뿐, 이 무늬들을 함께 보고, 함께 움직이고 함께 무너뜨리는 장에서 세계의 단면이 설핏 모습을 나타내는 것은 아닐까.

인공 자연에 들어서다

정현종 시인은 1965년『현대문학』으로 작품활동을 시작했다. 그의 초기시부터 2000년대 시에 이르기까지 변모 과정이 학술적으로도 충분히 논의되어왔으며 김현의 시사적 평가는 한국 현대 시의 또 다른 분기점으로의 정현종을 생각하게 한다. 오십년대를 휩쓴 서정주의 토속적 여성주의, 유치환, 박두진, 김수영의 한문 투의 남성주의와 서구적 구문법을 개인주의에 의해 극복한 정현종은 당면한 시대의 문제점을 철학적, 언어적 모색을 통해 재정립했으며 그의 시의 요체라고 할 생명성을 감각적 언어로 체현화했다. 이것이 작품성과 대중성을 함께 획득하면서 현대 시사에 있어 그를 독보적인 시인으로 평가하게 된 이유일 것이다. 그가 칠 년 만에 시집을 냈다는 것이 그의 시를 지켜봐 온 독자에겐 얼마나 가슴 두근거리고 따뜻한 일이었을까. 2022년 10월에 출간된 『어디선가 눈물은 발원하여』(문학과지성사, 2022)는 읽어갈수록 전방위적 감동의 진폭이 커졌으며 그의 시의 물길을 거슬러 오르게 하는 발화점이 되었달까. 여기 한 명의 목마른 독자가 있습니다! 물길의 발원인 샘에 이르러 고개 숙여 목을 적시고 싶습니다. 다행하게도 이 시집의 해설 부분을 시인이 직접 다감하고도 쉬운 어투의 산문으로 대체하고 있어 그의 시력 오십팔 년의 도도한 흐름을 어렴풋이 부감할 수 있었다. 시인에게 물어보자. 도대체 시가 이토록 험한 자본주의 세상에서 할 수 있는 일이 무엇인가?

괴테는 그의 자서전 『시와 진실』에서 시에 대해 이렇게 말했다고 시인은 들려준다. "진정한 시는 현세의 복음으로서, 내적인 명랑성과 외적인 즐거움을 통하여, 우리를 짓누르는 지상의 짐으로부터 우리를 해방시켜줄 수 있어야 한다. 시는 마치 고무풍선과도 같이 우리를 우리에게 지워져 있는 짐과 함께 한층 고고한 영역으로 들어 올려, 이 지상의 얽히고설킨 미로를 조감도처럼 우리 눈앞에 선개시켜준다." 그가 초기시에서부터 세계를 인식하는 틀은 '고통'이라는 상징이다. 세계(자연)는 인격이 아닌 무의식적 의지에 의해 움직이기 때문에 충동적, 본능적이며 대상 본래 에너지의 드러남이다. 충동과 본능의 에너지에 선과 악의 자를 들이댈 수 있을까. 우리의 몸 또한 선악을 판단할 수 있는 이성에 의해 조정될 수 있는 것이 아니다. 결국 '의지와 표상으로의 세계'를 수용했을 때, 이에 따라 삶은 견디는 일이 된다. 단지 어느 순간 짐을 벗어놓고 고개 들어 하늘의 천사를 꿈꾸는 것, 혹은 던져지는 공을 되받아치는 놀이를 하고 있다는 인식 등이 그를 잠깐 자유롭게 한다.

> 인간은 초극되어야 할 존재라는 말이, 인간이 이 지상에 살아가는 한 영원한 진리라고 할 때, 예술은 인간이 스스로를 극복하면서 삶을 고양하는 길이라는 것입니다. 고통이 거대한 열광의 상태에 이르는 길……
>
> 시 쓰기는 시인이 그러한 삶을 살아내는 모습이라고 말할 수 있고 시 작품은 고통이 미화된 것이라고 할 수 있습니다. 그 미화가 고통이 열광의 상태에 도달한 것이라고 하겠지요. 그리고 그것이 모든 예술 작품 탄생의 비밀입니다.
>
> –「시를 찾아서」 부분

시를 찾아 떠나는 이유, 시–쓰기가 계속되는 까닭은 일상(짐)으로부터의 탈주를 위해서다. 그 과정에서 새로운 것과 접속한 자아, 초인의 땅으로 진입한 자아는 거대한 무(텅 빔)의 숨을 들이마시며 자신의 허물을 벗어버린다. 이때 이 운동의 결과물을 다양하게 하는 것이 내재적 자아의 기억층에 의해 생성된 조각들이다. 기억의 지층에 퇴적된 시각, 청각, 후각, 촉각 등의 감각 파동이 새겨진 편린들이 세계와의 만남으로 '인공 자연'으로의 시가 탄생된다. 어쩌면 이것은 시인 혼자 작업해서 만든 것이기보다 그 많은 대상이 협업한 결실이랄까. '그사이 내(주체)가 달라졌어요! 이젠 돌아가는 게 불가능해요!' 안락한 자기도취나 자기 망각에 갇히지 않고 고착된 자신을 고통의 상태로 바라보는 열린 내가 시를 만드는 공장장이며 기술자가 된다. 이렇게 고통을 축제로 만드는 인위적 노력은 자연(세계)을 재창조하는 일이며 '인공 자연'의 의미다. 이런 공정으로 만들어진 시(언어)는 '우리 모두 속에 깃들어 있는 자연과 어린 시절을 되살려내는 언어이며 시간적, 공간적 원초를 우리 속에 다시 가동시키는 말'이 된다. 그것은 마치 산책의 시간처럼 밍밍하지만 말랑말랑하고 푸릇푸릇하고 봉긋하다.

산책을 한다.
그 시간은 이 세상의 시간이 아니고
그 공간은 고해苦海를 벗어나 있다.
세계는 푸른 하늘까지
순결은 대기 속에 —
그렇게 가없는 몸이여,

이 단순한 활동은 얼마나 풍부한가,
아직 아무것도 시작되지 않은 듯한 시간이라니!
사물사물하는 보석,
이 시간이 없으면 어떻게 살까.
세상의 시간이 아닌 때를
고해가 아닌 데를 걸어가느니.

—「산책」 전문

시인은 시작품을 만들어내는 생산자이면서 인공 자연에 뿌린 씨앗을 삶에서도 뿌리내려 꽃을 피우고 열매를 거두려는 현실-삶의 농사꾼이기도 하다. 시와 삶이 분리되어 있다면 시 속에 갇혀버린 자일 것이지만, 니체처럼 저 너머의 무엇이란 없는 것이며 바로 이 삶에서 경계를 밀어붙이면서 살아있는 현재에 불을 켜는 자, 바로 그런 사람이 위버멘쉬(초인)이기에 매 순간 솟아오르는 고통을 받아들이고 그 고통을 살아낸다는 정현종의 언급이 끊임없이 나를 다른 것으로 만들어간다는 뜻일 것이다. 산책은 과거의 나와 미래의 나 사이 텅 빈 여백이며 그곳에서 비로소 작은 내가 새로 만들어진다. 시의 밭을 일구는 감각이란 농기구는 오직 지각을 통해서만 나타나기에 관념을 뒤로 하고 경험이 축적된 기억의 지층을 통과하면서 다양한 이미지들로 빛나는 시를 만들어낸다. 또한 이런 이미지 속에 깃들어 있는 정서는 동일하지 않은 경험의 강도들로 물결치게 된다.

새들의 날갯짓이
겨울과 다르다
그 공기의 파동은
생글거리고 파릇파릇하다
겨우내 차갑던 돌은
스멀거리는 것들과 함께
다시 자라며 노래한다
(자라는 게 노래이며

노래가 곧 자라는 것이다

돌은 노래하기 시작한다)

―「이른 봄」 전문

시인은 자연 속에서 겨울과 달라진 새들의 날갯짓을 보면서 공기의 파동이 생글거리고 파릇파릇해졌다는 미세한 차이를 감지한다. 공기의 결이, 온도가, 밀도가 달라진 것이다. 이럴 때 그의 감각세포는 한껏 문을 열어젖히고 가동한다. 오오, 차갑던 돌조차 다시 자라나기 시작한다. 그러면서 문득 시인은 중얼거린다. '자, 인공 자연 속으로 잠시 들어와 짐을 좀 벗어놓으시죠! 당신은 굳이 아직 오지 않은 봄을 기다릴 필요는 없습니다.「이른 봄」을 낮게 읊조리다 보면 한겨울인데도 노래가 자라기 시작하고 돌은 당신의 목소리에 무거운 귀를 기울일지도 모릅니다.' 따라서 시는 그의 말처럼 언어에 깃이 달린 '깃-언어'며 '빛-언어'임에 틀림없다. 봄이 시작되기 전 봄을 부르는 전령사며 긴 겨울을 마침내 건너뛰게 한다. 이런 인공 자연을 만들어내는 시인의 자질은 "의식적으로 그러고자 한다고 해서 되는 일이라기보다, 시인은 남다른 생기를 타고나지 않으면 안 되며 그러한 기운이 몸과 마음에 감돌고 살과 피에 흘러 제어할 길 없는 본능으로 작동하는 사람이라"야 한다.

끝이라고 하지만

언제가 끝인가요.

끝이라고 하지만

어디가 끝인가요.

이때 저때가 다 끝이고

여기저기가 다 끝인 줄 아오나,

그렇기는 하오나,

마음은 끝이 없습니다.

그래요, 마음은 끝이 없습니다.

–「끝」 전문

니체의 위버멘쉬의 삶을 시에서 구현하려는 시인은 끊임없이 자기를 부인하면서 이 세계를 살아내기에 그의 시 작업 또한 계속될 것이다. 시의 육체를 가진 인간은 죽는 그 순간까지 고통을 능동적으로 살아가며 권태의 하얀 목소리에 속아 넘어가지 않을 테니까. 그가 말하는 '더 나은 의식'으로 솟아오르기 위해 과거의 자아는 찌그러져야 한다. 그때 지금 여기의 지점이 회오리치는 원뿔처럼, 블랙홀처럼 수직의 축을 세울 것이니까. 하나로 대표되었던 자아의 아래 다수의 자아, 수백만의 자아가 깨어나서 마치도 한목소리로 합창하듯 노래한다. 시적 주체는 텅 빈 공간으로 자꾸 나아가려 하고 동시에 시적 주체를 먼지 한 톨로 지워버리고자 한다. 누가? 무엇이? 그런 강력한 힘을 정현종은 '한마음의 상태', '한마음과 마주함'이라 말한다. 없는 듯이 있는 마음, 경계가 없는 마음, 그래서 놀이하는 마음이라고. 대상이 내 몸을 관통한 후에만 만날 수 있는 한마음, 그러기에 시의 물길을 거슬러 올라 발원한 샘물은 지금 여기, 2023년을 살아가는 사람의 눈에 흐르는 눈물이기도 하다고.

지금 몇 시요?

– 이성선의 『내 몸에 우주가 손을 얹었다』, 김지하의 『새벽강』

달의 시계

2001년 5월 4일, 이성선은 손목에 찬 시계를 바라보고 있었다. 누굴 기다리는 건 아니었다. '화장해서 백담사 개울에 띄워 달라'고 쓰고는 잠시 망설였다. 펜을 반시나가 구토를 느꼈다. 문을 열려고 일어섰다. 6 · 25 사변에 그의 아버지가 월북한 것처럼 그는 누구에게도 알리지 않았다. 그가 떠나버리고 하루 지나 또 하루가 길었다. 그의 숨결이 남아 있는 책상 위에는 『얼음수도원』과 우울증에 먹는 3일분의 약봉지가 놓여 있었다. 의문으로 끝난 그의 주검을 아내가 수습한 후 어느 자리에선가 말했다. 5월 6일, 고대부속병원에 예약해 놓은 상태에서 남편의 죽음 앞에 일종의 배신감을 느꼈다고. 그러나 이제는 다 이해할 수 있다고. 아마 그녀의 꿈속에 서였을 테지만 떠나갔던 문턱 너머에서 그는 그녀에게 말하고 웃고 시를 써서는 읽어주었으리라. 그의 죽음에 이른 병이 허무에 빠진 우울증이라면 그건 문학적인 시각에서 더러 설명될 수도 있을 것이다. 깊이 숨겨지고 묻혀버린 그의 죽음, 그가 남긴 언어 퍼즐을 맞춰본들 어렴풋이 짐작할 수 있을 뿐. 그의 시 세계는 쉽사리 노장사상으로 말해지지만 노장의 중심엔 '참'이라고 믿는 어떤 것도 '거짓'이라는 허무의 바다가 끊임없이 파도의 물방울을 토해내고 있으니까, 그의 생 전체에 걸친 시의 결과물을 어떤 사상의 틀로 찍어내는 일은 조금 폭력적이다. 그럼 어쩌라고?

이성선의 많은 시는 밤을 배경으로 한다. 밤이라는 무대 위에 설악산 큰 눈이 내리고 해당화가 입을 벌린다. 보름달, 초승달, 반달, 벌레 먹은 달, 우물에 빠진 달……. 그의 달은 흐르는 시간을 알려주는 시계다. 왜, 해가 아니고 달일까. 그림자가 가장 짧은 낮 시간은 안되나요? 그의 시집 속에서 태양이 머리 꼭대기에 이른 시는 찾기 힘들다. 따라서 태양의 그림자며, 태양의 연인이며 태양의 반쪽인 달은 그의 시를 읽는 열쇠가 된다. 그의 달은 '가랑잎과 누워 섹스'도 하고 '몸을 일으켜 아이를 삼키고 집채보다 더 크게 자라기'도 한다. 달은 때론 그에게 우주이기도 하지만 그가 향내를 맡던 꽃대기도 하다. 꽃대가 텅 비었을 때 달무리를 내어 위로하는 친구이되, 평생친구와 같은 존재다. 날마다 달을 보지 않은 날이 없었으니 달은 그 자신이 되었다고 해도 좋을 것이다. 달이라는 상징을 먹고 마침내 달이 된 시인, 달을 자유자재로 타고 노는 시인, 달을 시간의 수레로 바꾼다면? 수레는 멈추지 않고 굴러간다는 의미에서 달의 상징은 변전되어 둥글었다 여위고 어딘가로 떠나갔다 다시 돌아나는 달맞이꽃, 토끼 한 마리, 나비……. 스피노자의 '자연–실체–신'처럼 상황에 따라 양태가 바뀐 달이 늘 시인의 하늘 한가운데 떠 있다.

한 사람이 풀잎 끝으로 걸어나가
나비가 되었다

하늘 속으로 나비가
날아가던 밤

해당화꽃 위로 지구가
달보다 더 조용히 기운다

–「고요한 밤」 부분

고요한 밤, 시인에게 달은 지구를 들어 올리는 지렛대다. 지구가 해당화꽃보다 더 환하게 지고 있다. 어떻게 이성선에겐 달이 지듯 지구가 지평선 밖으로 사라질 수 있을까. 이 그림이 가능하기 위해선 시인은 달로 옮겨가 지구를 바라보고 있어야 한다. 시인은 풀잎 끝으로 걸어 나가 나비가 된다. 그래서 하늘 속으로 나비가 날아가는 시간 또한, 달이 뜬 밤이다. 달이 없다면 그 무거운 지구를 들어 올리기 어려웠을 것이다. 달을 지렛대로 삼아 사람이 풀잎의 길을 걸어 나비가 되고 나비가 다시 사람이 되어 서로가 서로에게 넘나드는 층간, 둘 사이엔 말 없는 대화가 이어지고 모든 반짝임을 다 알아들은 해당화가 피어나 그 위로 지구가 달보다 더 조용히 미끄러진다. 이 신비로운 우주의 그림을 그려놓고 그는 달 너머로 가버렸다. 거기 길이 있다는 듯. 그의 시 속 나비와 꽃, 소나무와 흰 눈이 내린 산은 곽암선사의 「십우도」 중 9도인 「근원으로 돌아가다(返本還源)」의 텅 빈 달 속에서 우주의 교향곡을 연주한다. 시 속에 잠시 명멸하는 그의 정신의 불타오름이 너무 아름다워서 일상으로 돌아가야 하는 시간이 초라해 보인다.

이성선의 죽음에 대한 자세와 그 결과를 두고 시간의 현재성을 상실했다고 쉽게 말할 수는 없다. 사람은 현재의 시간성에 충실할 수 없는 이유도 얼마든지 가능하니까. 가령, 수레가 크게 고장 나서 수리할 수 없다고 판단될 때 수레이면서 수레를 타고 있던 자는 그것을 버리기도 한다. 그러나 그의 마지막 여정이었던 인도에서의 시들은 그가 둥근 달을 그려놓고 그 속에 들어가 살고 싶어 했다는 몇 가지 정황들을 보여준다. 지푸라기처럼 나뒹구는 주검들 앞에서 그는 곽암선사의 9도 그다음 그림인 10도를 그리지 않은 채 붓을 던져버렸다. 얼굴에 진흙을 묻히고 시장바닥을 나뒹굴면서 내 관을 사라고 떠들어주었다면 얼마나 좋았을까. 깊은 아름다움이란 썩은 시체 위에서 피어나는 해당화여야 하지 않을까. 두 개의 극점을 둥글게 휘감는 극과 극 사이의 인간, 그는 그 사이에서 살아가기에 낡아가면서 더 빛나는 현재를 품어 안는다. 이 극점이 어느 한쪽으로 치우칠 때, 자기 안으로 기어들어 온 검은 그림자가 웃으면서 속삭인다. 뛰어내려! 재미없어! 영원히 반복되는 지루한 오늘, 온통 어제 그 진초록이군!

가끔 드러난 얼굴이 땅빛을 너무 닮아서 지나다 모르고 밟을 뻔했네. 올려다보는 눈빛이 어찌나 부드러운지 섬찟 숨이 막혔네. 은은히 웃고 있는 눈동자 속이 그러나 아아, 텅 비어 있었네. 얼굴도 몸도 텅 비었네

희미한 안개 속에 묻힌 그들은 벌레 같았네. 이슬 젖은 꽃 같았네. 쓰러진 주검 같고 주검처럼 아무것도 아닌 지푸라기보다 못한 無였네

텅 빈 눈과 몸을 바라보다가 갑자기 두려워져서, 이 한없이 깊은 블랙홀, 무 안에 빠질 것 같아서 얼른 지나쳐 자리를 떠났네. 無에 몸 씻으러 여기 온 내가, 神의 가슴길을 찾아온 내가, 아아

—「神의 가슴길」 부분

1998년 즈음부터 그는 여러 차례 인도를 여행하였으며 그곳에서 눈을 감고 싶다고 말한다. 짜이푸르 거리를 지날 때 죽음만을 기다리는 발아래 쓰러진 사람들, 그들은 이따금 눈을 들어 마지막 빛을 던지며 은은하게 웃기까지 한다. 그는 부드러운 빛에 이끌려 들여다보지만 그 속이 텅 비어 있음을 발견한다. 얼굴도 몸도 텅, 텅 빈 것, 그 자신이 오래 고요를 노래했지만 그건 그가 노래한 절대무로서의 고요가 아니라 지푸라기 하나라도 깃든 상대적인 무임을 직감한다. 이건 아니야! 뒷걸음치지만 자연은 파괴의 수순에 있어 맹목적이기도 하다. 설명할 수 없는 죽음으로의 이끌림 앞에 무릎을 꿇고 그의 몸에 손을 얹는 우주의 떨림을 기다려본다. 그의 시간, 우주엔 늘 향기로운 달이 걸려 고요를 향한 징검다리처럼 지상과

천상을 이어놓고 있었다. 천상이 한 바퀴 돌아 지상의 꼬리를 물고 꿈틀거리며 굴러갔다면 그는 좀 더 지상에 머물면서 태양의 시들을 만들어내지 않았을까. 그러나 그 모든 것을 그 자신이 잘 알고 있었다. 그가 무를 찾아 인도를 수차 여행한 것도 9도 다음의 10도를 그리고자 목숨을 던진 싸움이었을 테니까. 바로 그곳, 그 지점에서 검은 강줄기가 뱀의 대가리로 자신을 물어뜯을 수 있기를 바라면서. 그러나 절대무 앞에 반쯤 잡아먹힌 자신을 만나고는 도망친다.

눈은 낮에도 내리고
밤에 다시 내리고

산을 덮은 눈은 하늘을 덮고
헤매는 짐승보다 더 성급히
산 위에서 길을 찾는
사람들의 발에 눈이 자꾸 내린다

그날 밤 나는 시를 썼다
길을 잃지 않으려고
나는 불도 끄지 않았다
눈은 내려 마을을 덮고 나를 덮는데
잠들지 않으려고 시를 썼다

—「설악산 큰눈」 부분

인도에서 만난 바닥없는 눈동자의 블랙홀은 다시 집으로 돌아오고도 그가 품어 안은 설악산 위에 구멍을 점점 크게 냈다. 검은 눈은 낮에도 내리고 밤에도 내려 산과 지상의 경계를 지워버린다. 눈은 세상을 지우고 하늘마저 뭉개버린다. 널름거리는 무의 혓바닥이 그의 몸을 태우고 있다. 그는 알고 있었다. 허무에 대한 저항은 내리는 눈 위에 시를 쓰는 일임을. 그는 헤매는 짐승보다 성급하게 산 위에서 길을 찾았지만 산은 하늘로 이어진 곳이 아니었다. 눈은 산을 덮어버리고 길을 지워버렸다. 그는 마지막 시집을 그의 평생 친구인 달에게 바치는 것으로 급히 글의 길을 마무리했다. 길은 끊어졌고 시집이 발간된 이천 년 시월과 이듬해 오월 사이 그에게 아침은 오지 않았다. 유고시집조차 독자의 손에 쥐어주지 않은 채 블랙홀의 지평선에 이끌리듯 그는 가버렸다. 그 긴 망설임의 시간, 달도 빛을 잃었다. 그림자가 더욱 길어져 절벽의 시간을 기어오르기도 했나. 그는 힘겹게 돌아오는 길을 내곤 했다. 그러나 또한 돌아올 수 없을 것 같았다. 누구도 그에게 시간을 물어보지 않았으니까. 단지 지금은 밤이고 아침은 오겠지만 그건, 다른 수레로 옮겨 타는 일이라고.

나뭇잎 하나가

아무 기척도 없이 어깨에
툭 내려앉는다

내 몸에 우주가 손을 얹었다

너무 가볍다

―「미시령 노을」 전문

니체의 짜라투스트라는 말한다. 거기 오래전부터 나무(세계)가 있어왔던 게 아니라, 스스로 만들어가는 거라고. 어떻게 보는가에 따라 사물은 입자일 수도 있고 파동일 수도 있는 이 원리, 그러므로 관찰자 시점이 우주의 시작점이 될 수 있는 거라고. 스스로를 모신다는 것은 열려 있는 세계의 중심점인 자신을 인정하고 그 방향으로 나아간다는 말이다. 그러므로 죽기를 의지한다는 것은 늘 만들어지는 어린 시간을 부정하는 것이며 관념의 무게중심으로 저울의 수평을 기울여버리는 것이다. 노을의 시간에 그의 어깨에 나뭇잎이 내려앉는다. 현재에 있지 않은 그는 이미 늙어버린 것이다. 노인은 낡아진 모자를 쓰고 걸어간다. 지평선과 몸이 하나가 될 때까지. 자신에게 올리는 제사가 다 끝날 때까지. 이 세계는 사라지거나 소모되는 일이 없으며 단지 변화한다는 니체의 목소리를 뒤로 하고. 그도 잘 알고 있었으리라. 이 모든 게 단지 놀이라는 걸. 미시령에서 노을이 지는 시간에 한 시인이 나뭇잎을 어깨에 이고 걸어가는 것을 그는 충만함 속에 단순한 한 장의 그림으로 보여준다. 스스로를 파괴하는 방식의 부드러움, 너무 가벼운 노을빛의 스러짐.

다시 깨어나는 아픈 시간

김지하는 『중심의 괴로움』을 세상에 내놓은 1994년 이래 긴 침묵의 시기를 지나 2002년 『화개』를 발간한다. 『화개』의 원고는 『중심의 괴로움』과 비슷한 시기에 쓰였지만 잃어버린 원고를 다시 찾는 과정에서 십여 년 만에 세상에 나온 시집이므로 정작 2004년 『유목과 은둔』은 한동안 잠겨 있던 시-시인의 목소리가 시간의 두터운 켜를 보여준다. 2006년 『비단길』, 『새벽강』을 동시에 발간한 것은 그에게는 시의 새벽이 다시 시작했음을 세상에 공표한 것이랄까? 그의 작품에서 발견되는 무는 노장의 허무와는 조금 색깔이 다르다. 즉 둥근 시계가 풍선처럼 팽창해서 끝도 없이 커져 버린 속에 김지하의 풍선은 부푸는 시계의 중심점에 분침과 시침을 박아 넣는 망치 소리가 들린다는 것이다. 매 순간 생성을 외치는 짜라투스트라처럼. 그렇다면 김지하의 시의 여정은 실패했는가? 눈흐린 자들이 실패라고 생각하는 건 아직 이분법적 잣대로 그 결과를 판단하기 때문이다. (물론 다른 관점으로는 그의 정신적 변전에 대한 비판의 여지가 있다.) 이 수레는 잠시도 움직이지 않은 순간이 없다. 순간마다 생성되고 있는 힘이니까. 그 힘이 가장 어린 몸을 안아 키워내는 것에 무슨 실패고 성공이 있겠는가. 늘 어린 마음으로 살아가는 것, 여린 생명을 키워내는 자세를 김지하의 시에서 읽어낼 수는 없을까. 둥근 수레를 퍼뜩 바라본 자들은 끝내 어린아이의 삶을 살았다는 것. 예수의 십자가에 못 박힘도 위버멘쉬의 시각에서 보면 놀이일 수 있다. 예수는 잘 알고 있었다. 사랑은 가장 아파한 후에만 다시 태어날 수 있다는 것을. 깊은 생명으로 깨어나기 위해 목숨을 내건 놀이 중의 놀이? 태어나는 것이 아니라 깨어나는 것. 그러기에 살아 있는 것 외에 저 너머는 없다. 이 모든 하나됨 안에서 내가 너와 관계하고 달라진 나는 다시 그와 그들을 꿈꾼다. 과거의 내가 깨어져 영근 씨앗들을 너의 심장에 둘, 셋…… 뿌리고 마침내 살아지는 것, 바로 현재의 모습이다.

피안 같은 건
있지도
않다

그날도
없다

더욱이
있음 같은 건 아예 없다

있는 것은
단 하나
살아 있음뿐

지금 여기
살아 있음이 끊임없을 뿐

—「도피안」 부분

지금 여기에 대한 긍정이 시계의 초침으로 분침, 시침으로 파도친다. 무엇이 무엇의 부품으로 종속되지 않고 하나하나가 중심이다. 지금 자신에게 맡겨진 역할이 지팡이에 의지해야 하는 불행한 자세라도 살아 있기에 시작이며 출발이다. 자살? 물론 자살하고 싶을 만큼 낡아가고 썩어가는 몸이 고통스럽지만 아픔이 더 새까맣게 익어 향기로울 때까지 흙에 배를 깔고 누워보리라. 누구도 가까이 오지 마라. 나 혼자 내 몸이 썩어가는 내음을 끝까지 탐하리라. 그러나 그것이 쉽겠는가. 이 지점에서 그만 죽을 수 있길 기도하지만 다시 살아지는 것, 생(힘에의 의지)이 먼저 알고 있으므로 다시 귀를 기울일 뿐. 살고자 하는 이 살아 있음은 나의 것만이 아니기에 오늘 속에 그날이 있을 뿐, 오늘이 없다면 그날은 없는 것이다. 그의 70, 80년대는 민주화의 복판에서 훨훨 타오르는 불길이었으나 예순이 훌쩍 넘은 그(2006년 시집 발간 당시)에겐 또 다른 피인일 뿐이다. 그는 현재를 살아가는 단 하나의 살아 있음이기에 끊임이 없다. 그에겐 충분히 지금 여기의 공장을 돌릴 수 있는 불꽃이 피어오른다. 그는 시의 끝에서 이렇게 말한다. 사자의 포효다. "살고자 한다면/ 참 살고자 한다면// 바로/ 오늘/ 여기서부터/ 새로이 시작하자."

그곳은

처음과 끝이

지렛대처럼 놓인 옛 길

황사가 일고

안개가 짙다

저

머언

반대쪽

몸 속에 몸 속에

먼동이 트기 전에는

—「허무」 부분

영원히 되돌아온다는 것은 결국 존재하는 것은 시간밖에 없다는 것을 말한다. 영원회귀란 모든 개체적인 우연과 생성의 시간을 총합한 우주의 시계다. 이 시계의 중심점은 알파도 오메가도 아니다. 개별자의 현재가 그 중심점이다. 지렛대의 길을 밟고 가면 처음에서 끝이 이어져 있으리라는 생각 자체가 허무다. 사실 처음도 끝도 없기에 지렛대가 놓인 절벽 사이에 몸을 던지는 일은 어쩔 수 없는 선택이었을지라도 곧 먼동이 틀 몸에게는 부끄러운 일이다. 내 마음의 그림자들이 기록한 시간이 허무인 것이다. 그 역시 늘 그런 충동을 느꼈기에 마치도 자신에게 타이르듯 '부디'라고 부탁한다. 그런 유혹엔 떨어지지 말라고 당부한다. 처음과 끝은 모두 먼동 트는 몸속에 있노라고. 어떻게, 이토록 지독한 고통을 견딜 힘을 얻는단 말인가. 생성에의 비밀은 마술과 같아서 순간, 순간을 바라보는 눈을 놓쳐서는 안 된다. 순간 속에서 순간의 열매들이 맺히고 그 열매를 맛보는 기쁨에서 허름해진 몸의 고통을 넘어서는 힘을 얻는다. 그것이 김지하가 시를 쓰는 이유다. 그는 자정과 새벽 한 시 사이 새벽강을 깨워 시를 쓴다. 지금 몇 시나 되었나?

시는 가면서 오는
것.

어찌해
그것이 덧없고

왜 그리도 그것이
그리움인지

예순다섯의
고개 위에

지팡이 짚고 서서
생각한다

—「틈」 부분

그냥, 춤을 춰

– 황연진의 『달콤한 지구』, 정순옥의 『얼룩은 읽히지 않는다』

달콤한 지구에 놀러가다

내가 잘 아는 그녀가 2012년 가게를 열었다. 간판의 이름은? '달콤한 지구' 문턱을 넘어서니 주인은 보이지 않는데 기다렸다는 듯 놀라운 광경이 펼쳐진다. 유리창 스크린 위로 활자들이 줄을 지어 사라지고 영상 속을 따라 들어가면 그녀는 별들과 문자를 전송한다. 내가 아는 그녀? 갑자기 엘리베이터 벨이 울린다. '별, p.78'이 전화를 건다. 푸른 어항 속에 한 세상의 불빛을 삼켰다 뱉는 오래된 미래의 그녀들이 다시 각자의 궤도 속으로 진입한다. 현실의 그녀와 시의 집에서의 그녀는 간격이 너무 큰 걸까? 오늘과 너무 먼 내일 사이에서 그녀가 아픈 건 아닐까. 그렇다면 '달콤한 지구'를 잘 삼키고 뱉어내기 위해서 도움을 줄 친절한 사람을 찾아보자. 그러니까, 누구 없나요? 가스통 바슐라르? 그는 과학철학자로서 객관적 인식의 추구를 지적 연구의 출발점으로 삼았다. 이미지들을 물,

불, 공기, 흙의 네 가지 원소라는 기준으로 분류해나갔다. '이미지의 4원소론'에 따르면 문학작품의 특징을 4원소와 관련지어 설명할 수 있으며 4원소 간의 역동적인 운동을 통해 작품과 작가에 대한 총체적인 이해가 깊어질 수 있다. 마지막 저서인 『불의 시학의 단편들』에서 이미지를 순수한 언어 현상으로 파악하는 지점까지 밀고 갔으며 텍스트 속에서 그는 지금도 물과 흙, 불과 공기의 목소리를 반죽해서 묻고 있지 않은가? '에너지와 생명을 주는 불 속에 중심 시간은 어디에 있는가? 내일의 불을 따뜻하게 지탱해주는 재의 시간?'

어린 시절 뜨겁게 달구어진 쇠 난로의 투명 속을 통과하고 싶었던 적이 있다.

내가 지은 영혼의 집 한 채라고 할 수 있을까. 세상에 거짓을 더하고 싶은 생각은 없나.

—「시인의 말」 전문

뜨겁게 달구어진 쇠 난로를 바라보는 어린 시인, 달구어진 쇠 난로를 투명하게 바라보는 직관은 그녀를 시인이 되게 하지 않았을까. 불은 모든 것을 태워 깨끗하게 한다. 아니 모든 것이 사라지고 비었다. 'B—602'에 사는 어린 시인은 장미꽃에 불을 켜다가 문득 아무것도 없는 '무(無)' 속을 통과하고 싶어진다. 불 속에서도 태워지지 않는 무엇이 있다고 시인은 알고 있었던 것이다. 자신의 내면을 비추는 거울은 또 다른 각도에선 퍼낼 수 없는 우물이 아닐까.

그 무엇이 살아남아 투명 속을 통과하면서 그녀 없는 세상을 내려다보고 그 속에 지은 거짓 없는 집을 바라보는 걸까. 그녀의 무에 대한 인식은 생성을 전제한 창조적인 무라고 할 수 있다. 비밀의 암호를 잘 기억해두자. 집의 머릿돌에 새겨놓은 '시인의 말'에서 그녀가 사는 우주에 대한 설계도를 그려볼 수 있다. 어린 시절 구상한 설계도에 따라 마흔아홉 번째 지구를 통과하는 날, 물과 바람, 불과 공기라는 언어의 벽돌로 시간의 바람에도 쉽게 닳지 않을 종이집을 짓는다.

천 가지 계책과 만 가지 생각
불이 벌건 화로에 한 송이 흰 눈이네
진흙소가 물 위로 가니
대지와 허공이 찢어지네

―청허휴정, 「임종게」 전문

서산대사로 알려진 청허휴정, 그의 임종게가 유독 그녀의 집 머릿돌에 새겨진 암호와 비슷하다는 것은 바로 무에 대한 인식의 공유점이 아닐까. 서산은 이 시를 쓰고 앉아서 열반에 들었다. 시뻘건 불이 서산의 낡은 몸의 집을 태우고 있다. 천 가지 계책과 만 가지 생각으로 들끓던 그의 삶이 화로 속 한 점 눈송이로 걸려 있다. 불길조차 태울 수 없는 것을 서산은 죽기 전에 똑바로 바라보고 있다. 거울 속을 통과하며 그는 또 다른 진흙소들이 물의 시간을 흘러갈 때 대지와 허공이 길을 내줄 것을 안다. 그의 임종게가 물,

불, 공기, 흙이라는 근원적인 질료들의 이미지로 마지막 거푸집을 지은 이유를 짐작해볼 수 있다. 무의 심연을 껴안을 수 있는 자가 살아가는 그 자리에 집을 지어야 한다면 어떤 질료로 지어야 마땅할까. 그건 상상력의 4원소라고 바슐라르가 말한다. 물, 불, 대지, 공기의 역동적인 이미지들의 집을 영혼의 집이라 부르며 이 집의 특징은 세상 속에서 안정되어 있지 않고 무를 향하고 있다는 점. 네 개의 원소들이 튀고 부딪치고 사라졌다 다시 스며들고……. 집은 무의 바다에 네 개의 기둥을 내리고 있다.

나에게서 셀 수 없는 당신이 태어나느라
등이 휘어버렸습니다 태어나고도 남은
서른한 번째 날엔 빛의 가마 속에
녹아들기도 했습니다
고빈이라낸 이런 것입니다
스며들기 전에 사라진다면—
얼룩이 남기 전에 증발한다면 —
당신을 두 다리로 엮고 두 팔로
보이지 않는 모든 것을 껴안을 것입니다
그림자도 없는 밤,
호흡으로 호흡을 지울 것입니다
지상의 날은 언제나 안녕합니다

–「삭」 부분

우물과 거울은 다르다. 우물 이미지는 거울의 상징성과 유사하지만 거울과는 달리 3차원의 공간성으로 무엇인가를 껴안거나 뱉어낼 수 있는 창조성의 의미로 확대할 수 있다. 퍼낼 수 없는 우물은 죽음의 이미지인 무덤으로 바뀌고 무덤 이미지는 우물 이미지가 포함한 생산성과 이율배반적으로 등을 맞대고 있다. 그러나 잠시 생각해보면 모든 개체에게 죽음이 없다면 다시 태어날 수가 없다. 즉, 완전히 지워졌기에 새롭게 꿈꿀 수 있다. 죽음과 탄생이 동전의 양면성이라는 이 공공연한 비밀은 그래서 누구의 것이기보다는 누구나의 것이며 단 하나의 음률에 속하지 않는다. 규정할 수 없는 나를 여러 개의 다발로 된 너라고 하면 어떨까. 그러기에 나는 나를 통제하거나 가둘 수가 없다. 어깨를 붙잡은 줄 알면 이미 어깨가 사라져버렸고 내 가슴은 가슴 속으로 깊숙이 스며들어 건져 올릴 수가 없다. 지금 여기의 시간성과 공간성, 미래와 과거의 '당신'들은 끊임없이 지금 여기의 나에게서 깨어나고 살다가 사라진다. 그래서 나는 자신의 어둠을 살아가기에 이미 떠나간 나는 남아 있는 나에게 흔적을 남기고 얼룩이 진다. 한 줌 재를 남기듯, 결국 재가 너를 향한 따뜻한 씨앗이듯. 초승달은 어깨가 빠개지도록 어둠을 껴안아야 반달이 되고 반달은 자신의 반쪽인 어둠을 으스러지도록 물어야만 보름달로 서서히 돋아난다. 그래서 그녀의 시들은 가쁜 호흡으로 가득 차 있다. 반은 어둠, 반은 빛으로 만들어진 몸, 한 달 전 그 반달이 아닌 새로 고인 우물에 뜬 반달, 빛과 어둠의 임계점에서 우는 자웅동체의 호흡? 그래서 그녀의 시집 속 시들은 한 생명체의 나고 사라짐처럼 질서를 갖는다. 물과 흙을 그 특성상 하강의 상상력으로 본다면 불과 공기는 상승의 상상력 운동으로 볼 수도 있다. 대지(흙)적 상상력에서 공기(바람)의 상상력으로 몸을 바꾸는 시를 보자.

다만 기다리는 중이다
하루의 경계가 무너지기를
그리하여 또 다른 무게로 공기가 내려앉기를
동과 동 사이의 심연을 품은
유리창은 끔벅거리며
그가 자신의 내면으로 도망가지 못하도록
감시하고 있다
자기 안으로 들어갈 수 없다면
그는 어디로 가야하는가
고개를 툭 툭 떨구며 그는 무엇을
응시하는 것일까, 어딘가로 떠나기에는
너무나 굴욕적인 자세라고 생각하고 있을까
눌러 쓴 모자의 챙 아래 주름살들이
불안하게 일렁이기 시작한다

—「경비아저씨의 창」 부분

경비로 상징된 시적 자아는 창에 갇혀 오랜 시간 스스로를 유폐시켰다. 그러나 물질(어둠) 속에 갇힌 정신(빛)을 잊은 것은 아니다. 닳아가는 속수무책인 몸속 깜북대는 정신의 불꽃은 지나온 시간조차 잘 기억나지 않는다. 아니, 어렴풋이 빛이 어른거린다. 그러나 기억의 시간 속으로 떠나기엔 너무 굴욕적인 자세가 굳어진 건 아닐까. 이 시가 설득력을 갖는 것은 경비로 상징된 개체 뒤에 숨은 시적 자아의 물기 어린 물음 때문이다. 시인은 섣사리 자신을 드러내지 않은 채 죽음 앞에 스러지는 불꽃의 음성으로 되묻고 있다. 동일화가 일어난 이 물음은 바로 누구나의 것이기에 언젠가 또 다른 무게로 공기가 내려앉으면 불안하게 일렁이는 구름의 계단을 밟고 포플러처럼 일어설지도 모른다. 아니면 물속에서 용해하는 아리셉트정처럼 녹아버릴지도 모른다. 흙의 사람들은 어깨에 뭔가를 이고 지고 있다. 달팽이들인가? 그들은 짐을 내려놓을 줄 모른다. 몸속 물과 불의 기운이 흩어져 집이 무너질 때까지 죽을힘을 다해 빛이 출렁이는 세계로 나아가고 있다. 수많은 그녀가 그런 어둠의 시간을 견뎌내고 있다. 하루의 경계가 무너지면 또 다른 무게의 공기가 내려앉는다는 것은 달팽이도 믿고 있는 세상의 질서다. 어린 그녀가 달궈진 쇠 난로에서 본 투명의 음률. 그녀의 시들은 어둠에서 빛 쪽으로, 무거운 질료들이 가벼운 질료의 상상력으로 바뀌고 있다. 흙의 힘이 커질수록 그 속엔 물이 흘러가는 소리가 세지고 불길은 점점 뜨거워지고 물과 불은 푸른 하늘을 향해 활활 타오른다. 그렇게 네 개의 원소들은 시퍼렇게 눈을 뜬 채 꼬리를 맞물고 있다. 그럼, 물의 상상력은 그녀의 시에서 어떤 작용은 하고 있을까.

너는 끊임없이 내게로 와

끊임없이 부드러움을 퍼부어

그런 너로 뒤덮이는 순간들은 완벽해

너는 나를 감싸고 내게 충격을 가하고

솔직히 드러난 대로 날 보지

너는 날 각색하지 않아, 있는 그대로를 흐를 뿐이야

함께 하는 것, 마주한다는 건 그런 거겠지

내게로 와서 나의 전부를 덮고 그리곤

남겨둔 채로 떠나가는 것

사라져가는 너의 목 줄기에 입술을 대어보지

너의 맥박이 한없이 나를 이끌고 있어

너는 날 버린 게 아냐

꿰뚫지 않고도 너는 나를 털끝까지 읽어낸 거야

네가 흘러내린 굴곡대로 내가 다시 살아나

—「물」 부분

물은 밖에도 있지만 내면으로 흘러들어 그녀의 전부를 뒤덮는다. 물(너)을 가졌다고 착각하는 순간, 빠져나가는 것. 물에 대한 상상은 그래서 늘 이중적으로 다가온다. 곧 사라져간다는 것을 알고 있기에 너의 목줄기에 입술을 대보는 것이며 너의 맥박이 나를 이끌지만 바로 그 맥박 속엔 죽음에 대한 리듬조차 포함된다. 바슐라르의 물의 상상력에 의하면 물의 표면이 가진 발랄한 즐거움으로부터 물의 살이 어두워질수록 깊은 물의 의미인 죽음의 특성을 보여준다. 물의 상상력에서 이중성은 물의 표층과 심층으로 말해질 수 있다. 즉 우리의 내면은 죽음을 한순간도 잊어본 적이 없지만 물 위 일상 속에선 반사하는 빛과 더불어 놀이를 하고 있다. 놀이하는 물, 죽음에 대한 저항으로의 에로스는 물이 가장 좋아하는 놀이가 아닐까. 이런 물의 서글픔을 그녀는 털끝까지 읽어낸다. 물은 바로 그녀 자신을 구성한 질료이기에 물이 흘러내린 곡면 그대로 그녀 스스로 누군가를, 무엇인가를 가득 뒤덮고 함께 하고 마주하다가 문득 남겨둔 채 떠나가야 한다는 것, 그것이 물을 머금은 모든 개체들의 살아가는 방식이다.

그러나, 네 가지 상상력의 원소들의 운동을 통해 물의 표피를 뚫고 저 구름의 나라에 집을 지을 수 있다. 그녀의 시 속엔 흙 위에 물이, 불 위에 바람이 단선적으로 나열되어 있기보다는 서로 엇섞여 동시다발적으로 현시되고 있다. 그러나 각각의 시들을 구성한 4원소의 구성 비율에 있어 약간의 차이가 있는 것만은 분명하다. 이는 둥근 시계가 가리키는 시간을 따라가는 한 여행자가 느끼는 감정과도 견주어볼 수 있다. 그녀 시집에서 물의 상상력이 시간의 지평선에 걸린 시들은 2부의 시들에서 찾아볼 수 있다. 일상이 소중함을 알려주는 노을의 시간, 나이를 잊어버린 어머니를 바라보는 나이 들어가는 딸……. 하루의 시간 속에 물과 흙의 구성 비율이 점점 많아지면서 그녀의 지상에서의 삶을 규정하고 그림자를 드리우는 작용을 하고 있다면 그와 동시에 다른 한 극점에는 바람과 불의 상상력이 존재한다. 불과 공기의 상상력은 그녀를 솟아오르게 하고 더 큰 하늘을 꿈꾸게 하고 서로의 건너뛸 수 없는 간극이 발생할 때 우레가 일고 번개가 친다. 기상 상황 악화! 블랙홀 발견!

네 명의 조종사가 탄 우주선은 안전할까. 안전이라니? 물의 시간, 흙의 시간, 불의 시간, 바람의 시간을 지나면서 벌써 오억 년이 오십 번은 더 지나갔는걸…….

삭은 오줌처럼 푸시식 푸시식
웃는 소리 들으셨나요?
더 이상 나를 조일 근육이 없어졌다는 거예요
수많은 균사들이 세상에
퍼뜨려지죠
나는 절대 감염되지 않고 균을 퍼뜨려요
왜냐하면 나는 이미 죽었고 치유되었고
마지막으로 죽었으니까요
아름답지도 쓸쓸하지도 않은
이 세상 첨탑들을 쓰다듬으며 걸어가는 일이
얼마나 한없는 일인지
멈춘다는 것이 의미가 있을까요?
그러나 때로 부풀어 오르는
이, 이, 이스트 먹은
내 볼따구니, 친근하지요?

–「바람의 노래」 부분

시계는 벌써 열두 시, 두 시를 지나 세 시, 네 시 사이에 걸렸다. 흙의 상상을 지나 물과 불의 상상 속에서 그녀는 그녀 안의 수많은 그녀들과 만나고 헤어졌다. 새로운 그녀가 2012년 이곳에서의 첨탑을 쓰다듬으며 바람의 노래를 부른다. 땅 속 오줌보에 머물렀던 시간은 바람의 시각에서 보면 갇혔다고 말할 수도 있다. 이미 바람의 질료로 희석된 그녀는 흙의 질서에 의해 제어되지 않는다. 수없이 죽었고 치유되었으며 다시 태어날 이 드라마엔 그러기에 주인공이 없다. 아름답지도 쓸쓸할 일도 없는 수억만 번 되풀이한 노래를 다시 시작할 수 있는 이유는 불이 모든 것을 지운다는 점에 있다. 그래서 그녀는 늙지 않는 바람이 되어 노래 부른다. 마흔아홉 번째 지구를 통과할 때 저편 어느 별의 하늘에선가 물과 불의 질료들이 길길이 얽혀들며 부딪치는 것을 본다. 번개가 치고 이, 이스트 먹은 볼따구니가, 찬란하다고 말한다. 다시 시작이다. 바슐라르의 미완성 유고. 바슐라르가 삶의 마지막을 건너가면서 바라본 것은 무엇일까. 자신마저 태울 거대한 불의 수레바퀴에서 새의 이미지를 떠올리는 것은 서산대사의 임종게와 놀랄 만큼 일치한다. 자신의 낡은 집이 한 줌 재로 사라진 그 자리에서 흰 눈송이를 바라본 서산대사. 그리고 황연진 시인의 시의 출발점인 '시인의 말'에서의 불이 빨갛게 달아오른 쇠 난로에서 투명을 바라본 직관, 그 속을 건너가고 싶은 충동은 모두 무에 대한 인식에서 공유점을 끌어낼 수는 없을까. 불에 타버린다는 의미는 지움의 시학이고 그녀가 시도한 시 「지우개」에서도 그 의미의 번짐을 엿볼 수 있다. 모두 지우면 무엇이 남는가? 이것을 바슐라르는 무화의 시학이라 했으며 불이 삼켜버린 그 자리에서 애초부터 있었던 무를 인정하는 것, 선사들이 임종게에서 일갈하던 누더기 벗어 던지기? 맨몸되기? 텅 빈 그곳에서 뭘 해야 하나? 그녀는 이렇게 말한다. 그냥 춤을 춰.

반가사유상과 밤새사유상

정순옥 시인은 2004년 『시와시학』으로 등단해서 『세상의 붉은 것들은 모두 아프다』(시학, 2006), 『뒤꿈치 자서전』(문학의 전당, 2008)의 "붉은 항해일지"를 엮어냈다. 2014년 세 번째 시집 『얼룩은 읽히지 않는다』(문학세계사, 2015)의 함묵하는 언어뭉치를 받아들고 몇 군데 누빔점을 짚어가면 그녀가 살아온, 살고 싶은 '그곳'이 어떠한지를 알 수 있다. 시집 한 권이 시인의 영토라면 중심점이 있을 것이고 그 중심점을 향해 계열화된 사건들이 궤도 운행을 할 것이다. 그 특이점을 향해 가까이 다가가 보자. 시를 만들 때 그녀는 그 질료를 관념이 아닌 현실에서 가져온다. 그녀의 내부, 시를 만드는 공장에선 담금질된 언어를 통해 특별한 공간이 생성되며 이것이 다시 외부와 소통한다. 그녀의 세 번째 시집은 그 구성된 질료에 따라 4부로 분류해볼 수 있는데 1부, '꼬리 따기 놀이'의 열일곱 편은 현실에서 벌어지는 모순성을 시니컬한 목소리로 대응한다. 2부, '납작'의 스물한 편은 그녀가 그리는 당위의 세계와 현실세계가 가까이 접근하면서 겹쳐지거나 비껴간 사건들이 모지이그처럼 펼쳐진다. 3부, '반가사유상'의 스물한 편은 세상 속에서 그녀의 몸이 블랙홀로 빠져들면서 온몸으로 감지한 "망망대해" 속 "지도 한 장 없이" "붉은 맨발"로 수습한 언어들이 아프게 박혀 있다. 4부 '만화방창'의 열 편은 지금은 떠나왔지만 한 번도 잊은 적 없는 고향의 따뜻한 주름들이 펼쳐지며 수십 년 전 떠난 그곳이 고스란히 살아 그녀 안에서 관계 맺으면서 확장하거나 응축하는 실체임을 확인한다.

일흔한 편을 4부로 나눌 수 있는 근거는 사건의 내용적인 면에서도 그렇지만 그것을 감싼 외피의 언어가 각각 다른 점을 눈여겨볼 필요가 있다. 현실의 모순성을 이야기할 때 사용하는 언어적 터치는 너무 가늘지도 굵지도 않은 중필로 관찰자적 시점에 있다. 그녀의 거름망에 포착된 문제적 사건들이 날카롭고도 섬세하게 펼쳐진다. 그러나 3부에 이르면 그녀가 겪어낸, 어쩌면 지금도 겪고 있을 블랙홀의 소용돌이 속에서 찢어지고 해체되어 그 형태를 간신히 맞출 수 있는 퍼즐의 언어들을 만날 수 있다. 뼈대가 훤히 비쳐 보이는 시들을 만날 때 불탄 흔적을 떠올릴 수 있어 아픔이 전이된다. 4부에서 고향을 그릴 때의 언어는 리드미컬하며 볼륨감 있는 이야기시들로 구성되어 있다. 그녀의 세 번째 시집은 아프지만 다양한 문양의 사건들이 만들어내는 시간이 풍성하다. 언제나 갈 수 있는 집, 그러나 가고 싶은 사람에게만 열리는 집, 시간이 천천히 흐르는 곳에 그녀가 앉아 있다. 다가갈수록 발이 자꾸 빠져든다. 당신이 건져 올린 시꽃 잘 받았습니다. 젖은 불빛을 조금 더 가져가도 되겠습니까? 그녀가 첫 번째 시집 서문에서 들려준 말을 이제야 알아들은 것도 같다. "마악 끌어올린 물이 아직은 그대로 먹기 어려워도 머지않아 맑은 물이 올라온다는 것을 믿기에, 그 물맛 더불어 더러더러 나눌 수도 있을 것이기에, 한 바가지 부어야 비로소 펌프질을 시작할 수 있게 하는 이 마중물 한 바가지를 겁없이 확 퍼붓는다"

현실세계와 이상세계 가운데 더 중요한 것이 무엇인가의 물음은 그녀의 세 번째 시집을 읽으면서 답을 낼 수 있다. 그 모든 세계는 따로 분리되어 존재하는 것이 아니라 초월세계든 이상세계든 현실세계 위에서 구축되는 거라고. 현실을 1층이라 한다면 어떤 집도 1층 없이는 그 위로도 그 아래로도 확장할 수 없다. 그러기에 그녀는 초등학교 교사생활을 수십 년 동안 해오면서 건강한 몸과 마음의 집을 지어 수많은 사람에게 선물하고 있다. 그럴수록 더 튼튼한 집을 나눠주고 싶은 바램이 강렬했을 것이다. 하지만 세상에서 벌어지는 일이 너무나 해괴하고 입이 다물어지지 않아 무엇을 어떻게 해야 할지 새삼스럽게 물어본다. 세상을 향해 욕질하고 마구 때리고 달래도 보았지만 조금도 달라지지 않는다. 이미 세상과 그녀 사이 끈이 끊어진 것도 같다. 그녀는 오래 갈아온 언어의 칼을 꺼내 암 덩어리를 도려내고자 한다. 그러나 뿌리가 너무 깊어 쉽게 끊어낼 수 없음을 안다. 현실은 미치 거대한 정신병원인 듯 앓고 있지만 그것에 대해 누구도 직시하지 않는다. 이런 세상을 시인은 몸통은 없고 꼬리들이 어지럽게 춤추는 세상이라고 진단한다.

술래에게 잡히지 않기 위해
줄에서 떨어지지 않기 위해
끝까지 살아남기 위해
운동장 흙먼지를 다 마시고도

삐끗하면 넘어지고 아차하면 놓쳐서

게임에서도 대열에서도 단숨에 탈락되는
시시각각 최후의 통첩
죽음의 가면무도회

—「꼬리 따기 놀이」 부분

현대에 이르러 권력은 외부로 드러나지 않고 내부로 숨어든다. '눈먼 자들의 도시'에서 사람들은 환부를 도려낼 수 없는 시뮬라크르 속에 살고 있다. 가령 권력에 비판을 가하던 시대만 해도 주체는 정확한 대상을 알고 있었고 그러기에 대상을 향한 당위성이 절실했다. 그들에 대한 비판의식으로 뜨겁게 깨어 있을 수 있었다. 그러나 후기자본주의인 90년대 이후 개인은 거대한 시스템에 의해 관리당하고 심지어 사육되고 있다. 구조적으로 피지배계급은 지배계급의 횡포에 손을 쓸 수 없게끔 시스템화되었고 그들이 너무 억울해서 밤낮없이 일을 한다 해도 상류층으로의 진입은 불가능하다. 아무리 허우적거려도 갚을 수 없는 빚을 양산해내는 경제구조는 마치 그들의 통제구조처럼 작동한다. 고대나 중세에만 노예제도가 있었던 것은 아니다. 고기 몇 점 던져주고 죽도록 일만 하도록 입력된 프로그램, 그런데도 그 줄에서 떨어질까 봐 목숨을 걸어야 한다. 겨우 얻는 것은 "쥐꼬리"일 뿐이지만 이 대열에서나마 떨어지면 죽음 이전의 죽음을 감내해야 한다. 시인은 이런 현대의 사회적 상황을 유사죽음증상으로 읽고 있다.

1부 전면에 '꼬리'에 관한 시들을 여덟 편 배치함으로 구조적 모순을 향해 소리 없는 총을 겨눠보지만 미친 춤사위가 죽음으로 끝낼 때까지 “피아의 가계도”는 멈출 것 같지 않다. “꼬리에 꼬리를 물고” 교육이나 정치, 경제, 사회, 문화의 각 층위에서 자율성의 주체는 사라졌다. 그렇다면 죽음에 이르기까지 꼬리가 꼬리를 붙잡기 위한 목숨 건 질주를 계속해야 할까. 시인은 이 ‘모래언덕에서 문득 속울음 우는 붉은 이마’를 바라본다. “오늘, 새우깡 한 봉지 무게로 들어선 바닷가에서/ 왈칵! 만져지는 작지만 뜨거운 것들의 목울대/ 오랜 세월 어깨 겯고 버티느라/ 붉으락푸르락 병명마저 진단할 틈도 없었을/ 저 모래언덕의 중증 울혈증/ 엎드린 시간들을” 살아낸다. 울혈증으로 엎드린 시간은 새생명을 품어낼 수 없을 것인가. 시인은 시를 쓰는 한 희망을 포기하지 않는 마지막 사람이다. 열일곱 살에 노벨평화상을 수상한 말랄라 유사프자이에게서 그녀는 희망을 본다. 그러나 2014년 세월호 사태로 삼백사 명의 어린 영혼을 수장시킨 이 시대 대한민국의 국민으로 무엇인가를 희망하기엔 너무나 무력하다.

끝내 엎드린 시간이다. 현대사회의 특징은 본질이 사라지고 그 자리에 가상세계가 자리한다는 점. 이제 우리는 이전에 믿고 있었던 진짜라는 고정불변의 어떤 것이 있는가의 문제를 제기하기에 이른다. 아니 그 문제를 제기하는 것조차 망각하고 있다. 물론 가상세계의 운용방식으로 많은 차원이 확장된 것이 사실이지만 인간 스스로가 발을 딛고 있는 현실이라는 지반을 흔들기에 이른다. 꼬리에 꼬리를 물고 날뛰는 “가면무도회”에서 원본이란 무엇인가의 물음을 하지 않을 수 없다. 그것만이 죽음으로 끝나는 춤을 멈출 수 있을 테니까. 시인은 어느 날 책장을 넘기다가 자신의 존재를 시간의 지층 속에 낙관으로 찍어놓은 "나방 한 마리"를 발견한다. "무심코 책장을 넘기다 납작하게 눌린 생명"의 암각화를 본 순간 시간의 책력이 빠르게 넘겨지면서 그녀 스스로 한 마리 나방으로 돌려진다. 무수한 낱장의 시간 속에서 어느 페이지엔가 납작하게 엎드릴, 그런 존재의 아픔으로 깨어난다. 이렇게 납작하게 엎드리는 것이 죽음의 형식이라면 죽기도 전에 미리 납작해지지 말자고, '한없이 가늘어지지' 말자고 다짐한다.

> 숙인 고개로는 모자라 죽어라 엎드려 본 적 있다
> 직립의 꿈틀거림을 들키지 않기 위해
> 더 이상 눌리지 않기 위해
> 온몸으로 바닥에 존재의 비명을 쓴 적 있다
> 치솟는 불끈도 감추고 탱탱한 입체는 더욱 감추고
> 오늘 하루 살아남기 위해 제 꼭지 하나 지켜내기 위해
> 더욱 더 납작해진 적
> 있다, 한없이 가늘어진 적
> 많고
> 많다
>
> ─「납작」 부분

더 이상 납작하게 살지 않기 위해 우선 찾아야 할 권리는 무엇일까. 그건 세상의 권력방식과는 조금 다르다. 그녀는 「햇빛권리장전」에 들어 있는 최소재량권과 우선처리권, 가끔태만권을 시행해

야 한다고 말한다. 그들에겐 그들만의 리그가 있고 코드가 있으며 셈법이 있지만 그런 셈법으로는 산적한 문제들이 풀리지 않는다. 뒤죽박죽인 삶을 다시금 풀어가야 하는 거기 "넉넉 햇살생각들로 누구나 채널선택이 자유로운, 웃음 한사발이면 평생 시청료를 면제해 주는, 그것이 헌법이 되는 존재의 공화국"을 세우고자 한다. 존재자들의 자유야말로 세계를 떠받드는 기둥이다. 정치, 경제, 사회가 바로 서기 위해선 그 뿌리에 해당하는 존재의 본질을 응시하는 눈이 긴절하다. 얼마나 모래시계를 돌리고 돌려야 사금조각을 얻어낼 수 있을까. 그러나 모래에서 사금을 찾고 있는 그동안 "볼멘 사랑"의 목소리는 뜨겁게 시간의 페이지를 채운다. 그녀는 강물 속에 모래가 쌓이고 그 위에 풀이 수북하게 난 "풀등"이 물의 흐름을 막아서듯 사랑의 역사를 바람 속에 쓸 수 있다고 말한다. 그러나 그 일을 실현하는 것이 살아서 죽는 것처럼 힘겨웁다. 왜냐하면 "그대 모래벌판에서 돋보기도 없이 거름밍도 없이" 한 섬 모래알로 어느 순간 휩쓸려가고 말 것이기에. "당신의 공화국"은 "구름 지폐 몇 장과 바람동전 몇 잎"이면 충분히 다스려지는 나라일텐데 "비만과 풍요로 멀미나는" 세상을 바로 세우는 일이 쉬운 일이 아니다.

그녀는 "달빛사서함"에 납상 없는 편지를 띄우다가 마침내 블랙홀의 회오리바람에 휩쓸린다. 밤새도록 생각하고 생각했다. 그녀는 "국보 83호 금동미륵반가사유상"을 이 시대의 진품이라고 생각한다. 그래서 '오후부터 저녁까지 다 내어주고도 아직 그 미소를 향한 찬탄을 못다 끝내서 넉넉히 모시고 잠에 든다.' 그렇게 행복하게 잠든 밤에 반가사유상이 구순을 바라보는 노모의 모습으로 겹쳐진다. 긴 시간을 자식을 향한 사랑에 아파했으며 "욕창이 덧나 기저귀도 못 차고" 잠들지언정 끝내 짐이 되기 싫어서 밤새 뒤척이는 늙은 어머니가 바로 이 시대의 반가사유상이란 생각에 이른다. 사랑은 하루아침에 이루어지는 것이 아니라 평생을 거쳐 지켜낸 미소로 그 사람 곁에 남는 것, 그런 어머니의 사랑을 달리 갚을 길이 없어서 스스로 그 사랑을 실천하고자 한다. 삶의 싱크홀에 빠졌으면서도 함께 매몰된 그 누군가를 먼저 걱정하며 저편의 사람에게 자신의 곤궁을 알리지 않는다.

마아니 아프냐

– 죽을 만큼은 아냐, 아직

니가 아프면

– 바람이 많이 부네

옆에 아무도 없냐

– 비도 올 모양이야

내가 갈까

– 알잖아, 안 된다는 것

제발 아프지 마라

– 비가 오네

목구멍에 터억! 걸리는

저 고고학적 거리

–「목구멍 통화」 전문

가짜와 진짜를 구분하지 못하는 현대인의 병증은 마침내 피해자도 가해자도 없이 삶을 폐허로 만들고 그녀 역시 그로 인해 피폐해졌다. 그런 상황을 몇 개의 언어 조각으로 그려낸「목구멍 통화」는 그녀가 처한 지점을 잘 보여준다. 누구와의 통화였기에 응어리가 목구멍에 걸려 말이 풀려나오지 못하는 걸까. 사랑하지만, 그를 위해 모든 것을 버릴 수도 있지만, 보고 싶을 때 함께 할 수 없는 그 사람. 둘 사이의 통화는 "고고학적 거리"를 사이에 두고 있다. 그 사이 모든 것을 빨아들이는 블랙홀에 의해 언어조차 조각조각으로 파편화된다. 전화 저편에선 그녀를 향해 손을 뻗어 끊어질 듯한 줄이 이어진다. 몸이 많이 아픈지, 돌봐줄 사람이 옆에 없는지, 당장 달려오고 싶지만 단지, "제발 아프지 마라"고밖에 말할 수 없는 단절면. 창밖에는 바람이 불고 비가 내리고 다시 비가 내린다. 내리는 비에 전화기 속 그 사람은 그녀의 말을 알아듣지 못할 것이다. 정말 이 속엔 아무것도 없는 건지, 그녀가 지키고자 했던 것이 텅 빈 것인지. 끊어지는 목소리로 오십 근황의 소식을 들려준다. "아직도/ 그 남자와/ 살고 있고// 여태/ 하던 일을/ 그대로 하고 있습니다// 내일은/ 꽃이 핀다는 소식/ 들었습니다/ 아직 기다리고 있습니다"

오늘도 그녀는 거대한 정신병동에서 나와 한 줄 시의 담배를 물어본다. 망각하기보다는 깨어있기를 택했기에 블랙홀에 빠지는 일은 그러므로 당연하다. 이 거대한 열기구 속에서 할 수 있는 행동은 가짜를 가짜라고 말할 수밖에 없는 차가운 언어들이다. 그녀의 시 곳곳에서 등 돌린 세상에 대한 시니컬한 목소리를 만날 수 있는데 냉소주의의 중심핵은 그러나 차가운 것이 아니다. 진실에 대한 불꽃이 꽁꽁 숨어들어 그것을 지켜내기 위한 마지막 방어자세가 아닌가. 그녀조차 자본주의의 손아귀에 너무 많은 것을 잃었고 아주 간단히 가족의 "불빛역사"를 정리하기도 했으니까. "고물상에서 횡재한 그 돈으로/ 셋이 칼국수를/ 배불리 먹었다/ 그러고도 아직/ 손에는/ 구천 원이나/ 남았다" 시니컬한 목소리의 안쪽은 얼음장 밑 물고기처럼 살아있다. 스스로는 어쩔 수 없이 냉소적이 되어가지만 그런 자세를 견지할수록 점점 무력해진다. 그러나 이 순간에도 아이들이 태어나고 죽어가는 사람은 손을 내밀어 '희망'이라는 눈빛을 갈망한다. 그녀 자신이 싱크홀에 빠져봤기에, 모두가 좇아가는 그것의 뿌리 없음을 잘 알기에 오늘도 시 한 줄로 답을 작성하고 있다. 학교가 끝나고 집을 향해 뛰어가는 아이처럼 그녀는 말한다. 우리가 단지 잊어버렸을 뿐인 그곳, 마음의 고향으로 돌아갈 수 있다고. 그러기에 그녀는 가끔 어머니의 고향집을 찾아간다. 평생 농사일로 거뭇하게 주름진 얼굴에서 이 시대의 희망을 목격한다. 그녀들 목덜미에 매어진 꽃무늬 스카프. 결국 잘못된 현실을 외면하는 것이 자본주의의 무차별 공격에 대한 방어자세라면 그로 인해 모든 사람이 외면하는 자본의 구조는 스스로 공멸할 것이다. 하나의 패러다임은 또 다른 패러다임으로 바뀌어왔다. 그러므로 냉소주의는 인간이 가져야 하는 인간에 대한 마지막 얼굴이 될 수 없다. 또 다른 자세를 온몸으로 보여주는 이들을 찾아 신월리 경로당 앞에 문득 선다.

> 예순 넘은 아들 밥걱정에 시도 때도 없이 집엘 가거나
> 금방 먹은 약을 자꾸 먹고 또 먹는 금패네
> 그 약봉지 뺏아 놓고 시간 맞춰 챙겨준다는 영수 어메의 찡긋 눈길
> 식은 통닭조각도 먼저 간 사람 몫까지 챙겨두는 두삼이네
> 굽은 허리 아픈 다리
> 온몸이 종합병원 간판처럼 내걸고도
> 너도나도 부침개에까지 설탕을 찍어먹는 초미각(超味覺)
> 누웠다가, 기댔다가, 둘러앉았다가, 손사래 치다, 맛장구 치다
> 졸음 반, 웃음 반, 사방연속꽃무늬 속으로 하루를 흘리고 흘린다
> 평생 논두렁밭두렁에서 보낸 시간의 지주망(蜘蛛網)엔
> 허공의 바람 가를 튼실한 무엇 하나 내걸었는지 어쨌는지
> 농사철이면 자의반타의반으로 다시 불려나갈 수 있는
> 스물 하나 중 스물이 짝 먼저 보내고 혼자라는,
> 방안 가득 무더기로 오종종 피어있는
> 칠팔십 줄의 저 허연 망초꽃들
> 신월리 경로당

—「만화방창」 부분

고향에도 자본의 칼날이 꽂혔지만 그들은 목덜미에 꽃무늬 스카프를 두르고 "누웠다가, 기댔다가, 둘러앉았다가, 손사래 치다, 맞장구치다/ 졸음 반, 웃음 반, 사방연속꽃무늬 속으로 하루를 흘리고 흘린다" 칠십 팔십 줄에 이른 노인들이지만 고향이라는 특별한 장소 속에 있는 한 시든 꽃으로 보이지 않는다. 무더기로 피어 웃음 흘리는 망초꽃. 그들은 그곳에 피어있길 원했고 아직도 옛이야기가 이어지고 이어져 향기로 피어난다. 도시로 아들딸들을 떠나보냈지만 지금 모든 것이 새로 시작이라는 듯 말한다. "벌써 날씨가 쌀쌀헌디 애들도 잘 있고 최서방도 건강허지? 너도 운전 조심허고 애쓴다. 그래도 니가 성공해서 항시 고맙다. 엄마가 글씨가 좀 그렇쟈?……" 마을회관 노인학교에서 내준 숙제를 꾹꾹 눌러써서 딸에게 보내는 어머니. 고향을 지키는 이들은 부정의 어법을 모른다. 객지로 나간 아들딸의 삶이 팍팍할수록 무서운 긍정을 보여준다. 잘못된 세상 앞에서 잘못된 세상을 비판하는 것은 상대에게 이미 예측된 일이다. 그러나 그런 세상을 향해 '워메, 정말 수고했서유! 얼마나 고생스럽다야? 이제 좀 쉬엄쉬엄 해유!'라고 권력자를 향해 진정 어린 말을 한다면 그는 순간 높이 치켜든 무기를 힘없이 내려놓지 않을까. 진정 잘못된 세상을 향한 더 높은 해법은 도시로 떠나간 아들딸들을 기다리는 고향 노인들의 무한긍정의 마음이 아닐지. 시인은 그들의 목소리를 빌어 가짜 세상에 대한 해답을 제시한다. 그들 목소리를 전면에 내세우면서 고향 사투리를 꽃무늬로 낭창낭창 배치한다. 어느 하나가 두드러지지도 않고 빠지지도 않는 이 만화방창의 세계, 그녀의 언어적 연금술에 의해 어제가 오늘인 듯 사뿐히 내려앉은 마을의 집집마다 굴뚝에는 연기가 피어오르고 '휘어진 돌담 사이 푸른 이끼'가 내일도 돋아날 것이다.

한 줄기 노래는 멈추지 않으리라

–김지희의 『토르소』, 우은숙의 『소리가 멈춰서다』

풍선불기-시 쓰기

김지희 시인은 《사람의문학》으로 등단하고(2006) 영주일보 신춘문예에 재당선(2014)했으며 2015년 여름, 첫 시집을 상재했다. 시의 마그마가 끓기 시작한 것이 등단 무렵이었다고 짐작해도 이 시집은 사뭇 십 년 적층의 무게로 다가온다. 『토르소』(시와문화, 2015)를 대하는 여러 관점의 읽기가 성립되겠지만 기억의 흐름을 따르면서 그 흐름의 회오리치는 중심점이 어떤 장소로 구현되고 있는 점에 주목할 수 있다. 즉 기억이라는 시간성에 환하게 불이 켜져 특별한 장소로 전환된다고 할까. 일흔 편의 시에서 크게 세 개의 장소(시간의 마디)를 만날 수 있다. 첫 번째는 어머니가 유리창 너머 실루엣으로 오버랩되며 그녀 자신에게로 적극적으로 수렴된다. 두 번째는 일상의 그녀가 다시금 시의 그녀로 깨어나는 부엌이라는 장소다. 부엌이란 너무나 진부한 곳이지만 노동의 장소로 의미화된다. 시간이 가장 빠르게 마모되는 그곳에서 어떤 연금술에 의해 '바다'로의 탈주가 가능했던 걸까. '주부'라는 녹슨 암나사에 의식을 부여하고 장소를 성역화함으로써 다른 것들과의 공명이 일어나고 있다. 세 번째 장소는 다른 시간을 살았던, 이젠 문자의 지층 속에서만 사는 시인들을 지금 이곳으로 불러냄으로써 시간(장소)의 강도를 만들어낸다.

이렇게 그녀 자신의 경험을 바탕으로 한 시 쓰기를 통해 장소들의 현재화가 이뤄지며 흩어졌던 퍼즐의 시간이 맞춰지게 된다. 그런 관점에서 시 쓰기는 현존재가 기억공장(과거)으로부터 비축된 원료를 끌어다가 공장장의 의도에 따라 '새로운 나'를 만들어내는 공정이라고 말할 수 있다. 그렇다면 이토록 힘든 과정을 통해 새로운 나를 만나려는 이유는 뭘까. 그건 시집 속에서 확인할 수 있는 것처럼 휘발성의 시간 때문이 아닐까. 시간의 초침은 시시각각 나를 찔러 생명력을 상실하게 한다. 내가 사라지기 때문에 새로운 내가 만들어져야 한다. 달라진 나란 나를 둘러싼 차원이 바뀐 것이기도 하다. 그곳에서 나는 복수의 나일 수도 있고 둘로 나눠지기 이전의 하나로 재조합될 수도 있다. 그녀는 이 점을 시집 속에서 차근차근 실험해나갔으며 불이 꺼지지 않는 실험실은 자유라는 웜홀을 통과함으로써 조금씩 다른 자신을 만났다고 하겠나. 이것이 시인이 시 쓰기에 그토록 매달리는 이유이며 자유를 향한 탈주로의 기록인 시집에의 초대가 아닐까.

플라타너스 홀로 자지러지는 밤

어머니, 수은등 그림자보다 길게
철없는 딸 기다리던 골목은 여전한가

해 설핏해지며 거세어진 빗줄기에
흠뻑 멱 감은 해바라기처럼
움푹 패인 웅덩이에 비친
궁륭처럼 휘어진 어머니 등
어린 딸의 귀가 더디어도
어머니 등은 수은등보다 더 밝다

—「수은등이 있는 골목」 부분

그녀의 시집에는 풍선을 부는 법과 어떻게 씨앗이 되어 날아오르는지가 공개되어 있다. 작은 씨앗이란 한 편의 시가 아닌가. 씨앗은 시의 꽃 속 줄기와 잎, 꽃의 피어남이다. 그렇다면 희고 붉고 파아란 꽃밭을 둘러보자. 모든 이의 꿈꾸기에는 어린 시절이라는 첫 숨을 불어넣기가 선행된다. 그곳엔 늙은 어머니와 젊은 어머니가 한 몸으로 살고 있다. 깊고 새하얀 기억의 문풍지, 김지희 시인의 첫 숨을 수은등이 켜진 골목에서 만날 수 있다. 시인에 의해 특별한 의미를 구축하는 수은등은 기억의 회로로 들어가는 비밀번호이다. 수은등의 그림자가 굽어지고 어머니의 그림자로 바뀌면서("어머니, 수은등 그림자보다 길게") 산번지로 통하는 가파른 골목을 불러낸다. 그 장소는 시인의 기억 속에 저장되어 있었지만 바로 지금 그녀의 상처 난 삶이 '궁륭처럼 휘어진 어머니 등'을 호명하게 된다. 그녀의 날은 어둡고 어머니의 굽어진 등은 수은등보다 밝은 무엇이 되어버린다. '자꾸 감기는 기억'의 실패 속에서 어머니는 그녀를 향해 늘 불이 켜져 있었다. 그렇다면 휘어진 등은 어머니의 등만은 아니었다. 베르그송의 원뿔 도형을 현재라는 접점에 거꾸로 세우면 기억의 오르기 작용이 지금 여기라는 시공간에서 멀어질수록 어머니의 나이가 된 그녀로 회귀된다. 강화된 기억(사랑)의 힘을 통해 발화한 결과물인 시 쓰기, 어머니의 딸인 그녀로서 숨쉬기가 실현된다.

그러므로 그녀의 부엌엔 바다가 넘실댄다. 『토르소』의 마지막 시는 결의에 차서 「실비아 플라스」를 부르는 것으로 끝난다. 글쓰기의 주체가 되고 싶은 그(녀)가 여성에 대한 억압체제를 분노하듯 자각하고 있었다는 것을 알 수 있다. 실비아 플라스가 단순히 우울증 때문에 가스오븐기에 머리를 박았던 것일까. 그 죽음의 방식을 그녀의 책임으로 돌려야 할까. 여성에겐 오랫동안 문자가 허용되지 않았다. 언어가 한 개인이 주체로서 완성되기 위한 필요충분조건이기도 한 자신의 목소리조차 낼 수 없었던 암흑시대에선 다른 상황이 있다는 생각조차 할 수 없었다. 실비아 플라스가 부엌에서 죽음을 택한 것처럼 여자들은 부엌이 어떤 곳인 줄 안다. 가령 세 끼의 식사를 준비해야 하는 날, 아침 먹은 것 치우고 돌아서면 점심을 만들어야 한다. 더구나 몹시 무더운 여름날 남편은 수백 번도 넘게 한 말을 당연하게 지껄인다. "뭐 맛있는 거 없나?" 땀을 삘삘 흘리며 밀전병을 해서 상에 내려놓을 때 먹어보지도 않고 타박이다. "야, 좀 이쁘게 못 부치나?" 그 순간 뜨거운 프라이팬으로 머리통을 내려치고 싶다.

싱크대 속에 갇혀 몇 년째 속앓이 한 냄비를 닦고
예리한 어둠에 그을린 낯선 도시를 헹구며
깊은 수심(水深) 속에 기둥을 세우고 국을 끓인다
파, 시금치 온통 날것인 것들이 불꽃으로 저를 살라
새로운 맛을 낸다
모든 사랑의 고통의… 뉘우침으로
한 그릇을 위한 부엌의 노동엔 어떤 해석도 필요치 않다
성찬식 밀떡처럼 작은 평화를 입에 물고
부조의 문을 밀고 나와
식구들의 잠든 귀를 깨끗하게 여는 저 폐경기의 새벽!

—「가을, 낯선 도시를 헹구다」 부분

구조적으로 시스템화된 남성중심주의 한가운데 부엌이 있다. 부엌은 그 많은 여자가 이름도 없이 사라져간 무덤이며 아이들을 길러낸 불꽃의 장소이기도 하다. 그러기에 바로 그곳에서 그녀 자신으로 한 발을 내디뎌야 한다는 강렬한 인식을 읽어낼 수 있다. 두 편의 시 「가을, 낯선 도시를 헹구다」, 「자반고등어를 구우며」에서 그녀가 대면한 철벽이 얼마나 높은지를 알게 된다. 그러나 그녀는 주저앉지 않는다. 마침내 여성성으로의 끌어안기가 단단한 벽에 화학반응을 일으킨다. 그 많은 여자처럼 그녀 역시 부엌에 갇혀 있지만 가슴에서 바삭바삭 시간의 잎이 타들어 가는 소리를 듣

는다. 거부하거나 생각해볼 겨를도 없이 세상으로부터 호명된 어머니, 아내라는 이름에 앞서 그녀 자신이 '존재하지 않은 가을'이었다. 시간 내의 그녀가 시간 너머 그녀를 찾기 위해 '부엌에 작은 상을 성좌처럼' 펼쳐놓고 퍼즐조각을 맞춘다. 데리다에 의하면 문자란 외면의 세계, 현상의 세계 전체가 열리기 위해 전제해야 하는 것이고 공간적이고 객체적인 외연은 문자가 없이는 조직될 수 없다는 비밀을 그녀 또한 알고 있다. 자신의 언어를 찾기 위해 그녀는 밤하늘을 유영한다. 그러나 그 오르기는 그녀의 몸에 기둥을 박은 다음에야 비로소 시작된다. 그녀의 시들이 건강한 이유는 노동이라는 몸을 지니는 점이다. 부엌은 어머니와 아내로서의 그녀와 '능 뒤에 감춰진 바다'로서의 그녀가 '함께-사이-살기'가 이뤄지는 공간이라고 할 수 있다.

제 심장에 방화한 시인
그 '시인의 집'에 시인은 보이지 않는다
몇 시긴을 기다렸을까
나는 어둠의 호각소리를 들으며
뭉클, 어디선가 만져질 듯
시인의 심장을 찾는데…

콜로세움 화염 속으로 뛰어든
검투사의 함성 소리,
돌아보면 시는

검투사의 칼날을 잡은 심장이다

–「폼페이, 시인의 집」 부분

폼페이나 몽골, 카이코라 바다를 헤매면서 찾고자 했던 것은 무엇일까. 그 사막과 바다는 일상이 똬리를 틀고 있는 부엌이라는 어두운 창에서 만났던 무엇이었다. 그런 바다를 찾아 와서 갇혀 있던 혼을 날아오르게 한다. '눈앞에 보이는 세상이 곧 사라지고 말 것이라는 생각에 이정표를 버린 그녀가 문득 낙타의 눈에서 길 한 가닥을 읽어내는' 것이다. 사막의 끝까지 걸어가면서 길 없음을 알 뿐이지만 오아시스처럼 시의 오목렌즈에 세상이 한 점으로 피어난다. 그건 사막을 걸으면서도 마침내 버릴 수 없었던 시의 주머니, 향기 나는 시 주머니를 그녀가 지니고 있음을 자각한 때문이다. 시간은 마침내 모든 것을 무너뜨렸지만 시들 속에는 유전자를 지닌 작은 그녀들이 남아 있다. 바다와 사막, 시인들과 공명한 시 쓰기의 장소엔 씨앗이 맺혀 생명을 퍼트릴 것이라는 믿음이 있다. 이것이 그녀를 길 끝까지 걷게 하는 힘이다. 시인이란 제 심장에 불을 지른 자라고 알고 있다. 그러기에 그를 만나러 폼페이까지 왔다. 79년 8월 24일 베수비오 화산의 폭발로 폼페이는 순식간에 매몰되었다. 이천여 년 전 시간의 무덤 앞에서 그녀가 찾으려는 것은 무엇일까. 어느새 어둠이 내지르는 호각소리가 들린다. 이젠 일어서야 한다. 그녀는 어둠에 쫓기면서도 사랑으로 타오르는 심장을 찾고 있다. 어디선가 뭉클, 만져질 것만 같다. 오지 않는 시인을 기다리며 (시를 기다리며) 제 심장에 방화한 자는 모두 시간과 싸우는 검투사라는 걸 깨닫는다. (검투사의 무기는 타오르는 심장뿐이다.) 시간과의 전투에서 살아 돌아온 검투사는 없다고 들었다. 단지 그가 싸웠던 자리에 시 한 줄이 돋아 있다, 암호처럼 몇 개의 푸른 부호로 남은 시를 과연 검투사의 뜨거운 심장이었다고 알아볼 사람이 있겠는가. 그녀는 폼페이 시인의 집에서 자신 또한 심장에 불을 지른 검투사임을 깨닫는다.

폼페이 시인의 집 앞,
낯선 곳에서 영혼을 잃어버린 듯
어둠 속을 뒤지고 있는 검은 고양이
가로등 불빛 아래 솟아오른 골목 끝
그 가장자리에서도 따뜻한 등불 피어나는 집

나 어두운 시간
한 무더기 별 모양의 유홍초 가득한 정원처럼
장미가시에 찔려 죽은 릴케,
생인손처럼 맑은 아픔으로 깨어 있네

–「새벽, 겨울 풍경 – 시 쓰기」 부분

그녀의 풍선불기–시 쓰기는 새로운 장소의 영토화라고 말할 수 있다. 3부에 해당하는 시들 대부분이 여행을 통한 자기 찾기이기 때문이다. 정해진 자신이 있는 것이 아니라, 불변의 장소가 있는 것이 아니라, 장소(환경)와 인간(주체)은 서로 열려 수축하고 팽창하면서 새로운 길을 열어간다. 길을 따라 걷다 보면 문득 지나온 길과 겹쳐지는 순간이 있다. "폼페이 시인의 집 앞"에서 그녀는 "어둠 속을 뒤지고 있는 검은 고양이"를 만난다. 그 고양이라는 상관물을 통해 '가로등 불빛 아래' 그녀의 골목이 솟아오르고 그 끝에 수렴점인 듯 따뜻하게 등불이 피어나는 집을 만난다. 가상도 현실도 아닌 그 어떤 지점에서 그녀는 누구에겐가 웅얼거리고 있다. "나 어두운 시간"일수록 어둠 속에 두고 온 영혼의 파편인 별 모양의 유홍초가 피어난 정원에 서 있다고. "장미가시에 찔려 죽은 릴케처럼" 지나온 내가 죽은 그 지점에서 생인손의 시 한 줄이 맑은 아픔으로 만져지는 그 특별한 장소, 시간의 솟아오름이다.

지구의 자전 위에 피어나는 사과나무

현대시조의 특징을 말해보라면 정형성이 그 물음의 열쇠가 아닐까. 내용이 형식을 규정한다는 논리를 시조에 적용하기 전에 시조 창작의 보편적인 원리는 정해진 그릇(형식) 속에 내용물을 담아내는 일이다. 정형성은 향가에 뿌리를 둔 시조의 발생 이후 칠백여 년을 전해 내려온 발우와도 같다. 어떻게 이런 일이 가능했는가. 시조는 21세기에 이르러 칠백 살이 넘도록 살아남았고 오히려 더 젊어지고 있다. 그 길의 산허리에 약초가 숨어있는가. 저기 너풀거리는 그림자가 보인다. 그 길에 피어있는 사람이다. 다가가 묻지 않으면 안 된다. "아마, 정형성 아닐까요?" 시조 창작의 비밀이면서도 비밀이 아닌 3장 6구 45자! 어떻게 그리 오래 비밀번호를 바꾸지 않고 사용할 수 있었지요? 45자라는 언어의 그물로 시적 주체의 시간적 변이를 재구성함으로써 미래의 시간이 만들어지는 관계의 미학. 그물 자체는 같을지라도 그 굵기나 크기, 물고기를 잡아내는 방법, 시간……에 따라 건져 올린 작품(물고기)들은 조금씩 다르다고 그녀는 말한다.

우은숙 시인은 1998년 시조의 바다에 뛰어들어 『마른 꽃』(동학사, 2001)과 『물무늬를 읽다』(시학, 2012)의 집을 지어냈다. 시간의 흐름에도 녹슬지 않는 그물로 건져 올린 물고기들이 지금까지 현대시조의 바다를 풍성하게 넓혀가고 있다. 2013년, 세 번째 시조집 『소리가 멈춰서다』(작가, 2013)를 통해 육십 사수의 물고기들을 더 큰 바다에 풀어내는 그녀는 물고기를 그물로 잡고 있다는 의식조차 없을 만큼 자연스럽다. 오히려 이번 시조집을 통해 보면 그녀의 그물은 점점 더 단순해지고 있다. 시집에서 시적 자아인 그녀 자신은 현상세계 속에서 겪어낸 경험들을 언어라는 상징체계 속에 담아내는 과정에서 3장 6구의 오랜 네트워크를 창작 공장에 재가동시킴으로써 또 다른 의미의 풍성함을 끌어올렸다. 시조미학은 인간을 중심에 두고 사유함으로써 초래된 근대의 폐해를 제어할 수 있는 탈근대적인 사고를 보여준다. 구조라는 틀을 통해 인간 개개인의 삶을 드러내는 시조는 주체에게 부여할 수 있는 자유의 극대치를 제한함으로써 타자로서의 자연이나 사회를 주체의 내면인 내용 속에 끌어들인다. 그러므로 자기 안에 갇히지 않은 시조의 세계는 오랜 시간이 흘렀음에도 새롭기만 하다. 그녀 또한 정형이라는 반복성을 인정함으로써 차이의 미학을 펼쳐내고 시조의 형식미를 더욱 공고히 한다. 더구나 세 번째 작품집에 이르러 정형성을 전면화한다. 그녀의 시조들은 사설시조나 엇시조를 찾아보기 어렵다. 어쩌면 이런 점이 그녀 작품의 성격을 특징지을 수 있지 않을까.

『마른 꽃』은 칠십육 수의 시조에서 육십삼 수가 연시조이고 십삼 수는 단형시조다. 『물무늬를 읽다』는 칠십 수 가운데 육십 수가 연시조며 십 수가 단형시조다. 이번 세 번째 시조집 『소리가 멈춰서다』에선 육십사 수 중 삼십사 수가 연시조로 이루어지고 삼십 수가 단형시조다. 언뜻 45자라는 언어의 그물을 던져 그녀가 꿈꾸는 세상은 언어 너머의 더 큰 세상은 아닐까. 세 번째 시조집에서 그녀의 시조들은 긴장미, 균제미, 완결미, 절제미를 전면에 드러낸다. 너무 자연스러워진 45자의 그물은 이젠 몸의 일부가 되어버린 듯 익숙한 틀을 통해 그녀는 집이라는 외형보다는 그 집 속에서 살아가는 이야기의 다양함을 담고자 한 건 아닐까. 이번 시조집은 네 개의 마디를 갖고 전개된다. 꽃잎으로 불리어지는 시적 주체는 삶의 계단을 헛딛고(꽃잎이 계단을 헛딛다) 그 낮아진 세상의 어둠 끝에서 새로운 몸이 걸어 나온다(몸이 걸어 나오다). 순간마다 살아있는 의식으로 만들어내는 삶이란 깨어 있는 시간이기에 아플 것이고 이런 아픔의 배면은 자신 외엔 누구도 모른다(아무도 모른다). 그렇기에 역설적으로 그녀는 흐르는 세상의 시계바퀴 속에서 그녀만의 소리를 만들어낼 수 있는 것이다. 세상의 소리가 멈추고 그녀는 자신만의 노래를 끌어올린다(소리가 멈춰서다). 여백과 더불어 즉각적으로 다가오는 그녀의 시조들은 눈으로 읽음과 동시에 그림이 그려지는 큰 그물로 거두어냈기에 자연스럽게 다른 감각들과 이어져 그 속에서 무슨 소리가 들리고 매끈한 살갗이 만져질 것 같다. 질서를 수용함으로써 그 너머의 내용을 잡아내려는 노력, 그러므로 이번 작품집을 한 편의 영화를 보듯이 이미지의 전개를 통한 영상미로 읽어갈 수 있다. 이미지들이 흘러간 뒤 잔여물처럼 의미가 남는다. 그녀의 시들에서 이미지들을 이어 붙이면 감독도 주인공도 그녀인 한 편의 영화가 만들어질 수 있을 것이다.

삶이 꽤
악착같이 들러붙을 때가 있다

절박한
시간만이 내게로 올 때가 있다

퇴근길
쪼그라든 해가 등 뒤에 걸린 그 때

–「붉은 시간」 전문

보고 느끼고 듣고…… 감각세계로 잡아낼 수 있는 현상계에 우리는 살고 있다. 우리가 태어났을 때부터 보아왔고 만져왔던 이미지계(상상계)는 아이가 처음으로 세상을 읽어내는 방식이다. 그러나 눈에 보이는 것들로만 세계가 이루어져 있다면 마냥 아이로 살 수 있을 것이다. 공간을 관통하는 시간에 대한 이해는 그리 쉬운 일이 아니다. 이것은 인간의 이해 그 위에 있다. 시간은 쉬지 않고 변화하며 인간은 이 앞에서 속수무책이다. 시간마다 달라지는 이미지들을 잡아놓기 위해 약속이 필요했고 상징체계로 돌입할 때 이미지와는 다른 언어를 배우지 않으면 안 된다. 그녀가 단형시조를 표면화한 이번 시조집을 통해 간결한 형식일수록 상징 언어 속에 이미지가 선명하게 드러난다는 것을 알 수 있다. 첫 번째 마디인 '꽃잎이 계단을 헛딛다'에서 그녀는 떼어내고 싶은 어떤 삶에 대해 말한다. 누구나 그렇듯 그녀도 그런 삶의 때를 만나야 했다. 삶은 도화지처럼 백색이었다가 은색, 하늘색으로 바뀌니까. 회색이 되어버린 시간의 삶을 견디다 보면 그보다 더 감당하기 힘든 검은색으로의 삶이 찾아온다. 그러나 그것도 다 한때라는 것을 그녀는 알고 있다. 삶 앞에서 시조라는 형식을 배웠고 그 형식미 속에 이야기를 담아왔기에 엉킨 실타래가 언젠가 풀릴 것임을 알고 있다. 하루가 끝나는 길 위에서 그녀 자신처럼 쪼그라든 해를 만난다. 그러나 그 모든 시간이 그녀에겐 붉다. 아직도 붉은 시간이기에 그녀는 여전히 꽃잎이며 꽃잎은 계단을 자꾸 헛딛는다.

> 발목이 휘청한다 세상도 휘청한다
>
> 헛디딘 틈새 뚫고 세상의 헛것 핀다
>
> 그 순간 민들레 꽃잎
>
> 제 몸을 낮춘다

— 「계단을 헛딛다」 부분

발목이 휘청해서 세상이 휘청했는지, 세상이 휘청해서 발목이 휘청했는지 내 안도 밖도 휘청거리는 속에서 헛것을 본다. 그러나 그녀의 형식미학은 흔들리는 세상 앞에서 쓰러지는 것이 아니라 스스로 작아지는 방법을 터득하게 했다. 그것도 민들레 꽃잎으로. 민들레는 쓰러질 것이 없기 때문이다. 그러나 민들레는 꽃이다. 낮은 곳에서 웃고 있지만 꽃은 꽃이다. 아무리 작은 꽃이라도 꽃은 붉다. 거친 생활의 파도에 부딪칠 때마다 민들레는 생각한다. 도대체 무슨 일이 일어났을까. 바람 때문이다. 바람이 민들레의 몸속을 통과했기 때문이다. 헛것들은 홀씨처럼 바람에 날리고 그녀의 몸은 헛것을 어쩔 수 없이 받아들인다. 몸을 더 낮춰보자. 민들레보다 더 낮게…… 너무 작아져서 시간의 솜털을 만질 수 있을 것 같나. 그렇게 그녀의 몸은 만들어진다. 낮고 작아진 몸으로 자신 안에서 눈뜬 그녀는 그러나 여전히 붉다.

손도 발도 다 녹고 목소리만 남았나봐

목젖만 남겨놓고 몸 던지는 꽃잎처럼
혼자서 흘러왔다가 터져버린 폭포처럼

울 수조차 없는 한을 안으로 삭히며
강 밑바닥 물청때 밀봉 풀고 건진 소리

잘 익은 막걸리 속엔 후렴구만 짙게 핀다

–「정선아리랑」 전문

정선은 그녀의 고향이다. 자기 자신이라고 말해볼 수 있는 상징어이기도 한 정선엔 고개가 있다. 삶의 아리랑 고개다. 아리랑은 시간의 고개 저 너머로 가버린 과거의 자신에게 손을 내밀 듯 힘겹게 살다 가버리는 삶을 노래한다. 올라가야 하는 산꼭대기는 너무 높기에 긴 오름길이 가파르기만 하다. 그때 눈물, 콧물 흘리면서 부르는 노래가 아리랑이다. 삶을 거슬러 오르려고 손발로 노를 저었지만 노는 다 녹아내리고 휩쓸려버리고 목소리만 남아 아리랑 한 수를 고갯마루에 걸어 놓는다. 꽃잎은 떨어져도 꽃잎을 받쳤던 꽃받침의 목젖은 남아 후렴구를 짙게 흥얼거린다. 혼자서 흘러왔기에 터져버린 폭포수처럼 아무도 없고 서럽기만 하다. 강 밑바닥에 채울 수 없는 구멍이 나 있기 때문이다. 그러기에 누구의 노래인지도 모를 노래가 남아 한 잔 막걸리 속에 피어난다. 시조의 정형성은 내용의 풍부함 외에도 이미지의 선명함을 특장으로 내세운다. 시조는 의미와 이미지의 두 개의 미학 사이에서 균형을 유지한다. 단순한 언어의 질서는 그만큼 현상세계에서의 형태미를 그대로 상징체계 안에 끌어들이는 것이 가능할 수 있다. 그녀가 포획한 감각들은 시각과 청각, 후각 등의 이미지들을 손상시키지 않으면서 시의 집에 명징한 색깔을 드리운다. '강 밑바닥 물청때 밑봉 풀고 건진 소리'로 만들어진 몸이 그 깊은 바다의 시간에서 문득 걸어 나온다. 그녀는 오랜 시간 한을 삭힌 탓에 늙어버린 몸이지만 새로운 몸을 갖게 되었다. 이제 세상이 돌아가는 법칙을 거리를 두고 바라볼 수 있다. 그녀의 몸은 개미만큼 작아졌다가 후박나무가 되기도 한다. 그 모든 것들이 모여 지구의 힘이 된다.

바람에 떨어진 후박나무 잎 사이로

화려한 계절 안고 도망가는 개미 한 마리

끝없는 지구의 힘 모아

가을을 쏟아낸다

–「후박나무와 개미」 전문

바람에 떨어지는 후박나무의 잎새는 자연의 법칙이다. 바라보면 모든 것들은 하나의 법칙 속에서 움직인다. 다시 자신의 발밑으로 돌아가는 이치다. 그러나 그런 질서를 몸으로 알아내기까지 많은 시간이 걸렸다. 더운 여름의 끝자락에서 개미는 수직의 이치를 받아들이기가 쉽지 않다. 조금이라도 더 햇빛을 놓기 싫어서 화려한 계절을 안고 도망가는 개미를 바라보는 그녀는 홀연 지구 밖으로 날아간다. 바람이 불고 후박나무가 화사했던 시간을 떨구고 개미 사람은 지워질 기억의 축제를 간신히 끝낸다. 압축된 계절의 나이테를 멀리 바라볼 줄 아는 수평의 시간이 펼쳐진다. 자, 돌고 돌아라. 이 모든 것 다시 힘을 모으고 모이진 힘은 가을은 쏟아내고 한 줄기 노래는 후박나무 아래서 멈추지 않으리라. 그때 폭발점에 닿은 듯 사건이 일어났다.

기억의 집합체가

생이라고 한다면

기억에서 사라진 나
있거나 혹 없거나

나 또한
가짜다
가짜

허울만
펄럭인다

—「시뮬라크르」 전문

순간적으로 만들어졌다가 사라지는 사건 또는 자기동일성이 없는 복제를 가리키는 철학개념으로 시뮬라크르는 들뢰즈에서 확실한 정의를 찾아볼 수 있다. 그는 우주라는 공간 속에서 일어나는 모든 사건을 시뮬라크르로 규정하고 이를 사건의 존재론으로 설명한다. 이는 단순한 복제물이 아니며 원본과 같아지려는 동일성의 개념이 아니라 이를 뛰어넘어 새롭게 자신을 만들어가는 역동성과 자기정체성을 말한다. 그녀의 시조들에 있어 가장 확실한 시조시학의 지향점을 엿볼 수 있는「시뮬라크르」는 거대담론을 제시하기보다는 이미지, 감각에 기초한 현재성의 철학을 표면화한다. 순간적인 것에서 존재론을 찾아가는 그녀의 시적 인식은 바로 이상세계보다는 현실세계의 뿌리를 내리는 시조 미학의 건강성을 살펴볼 수 있다. 시조는 형식을 수용하면서 이 형식 속에 형성된 인간 삶의 결정체를 바탕으로 하기 때문이다. 즉, 현대자유시가 어느 부분 주체 중심의 흐름으로 접어들면서 타자와 공유할 수 있는 분모를 포기했고 사적인 중얼거림의 차원으로 빠져버린 단점을 시조가 보완할 수 있다. 일정한 구조로 이루어진 거대한 흐름의 미학이 바로 시뮬라크르에 적용될 수 있기 때문이다. 시간을 가진 흐름, 순간의 시들이 각각의 형태와 색깔을 가지고 출렁대는 거대한 바다. '나'라는 것 또한 가짜일 수 있지 않은가. 기껏 칠십 년이나 사는 나라는 것을 중심에 둘 수 있겠는가. 나의 기억이 끊어진 후, 나의 생이 끝난 후 허울의 내가 사라진 후 이 세상에 남는 것은 무엇일까. 각각의 개인들이 서 있는 그 아래 인간이라는 보편성의 공통분모를 시조미학은 인정한다. 내가 사라진 그 자리에 지구는 여전히 태양의 주위를 돌고 태양은 은하계를 돌 것이다. 마치 거대한 바다처럼 그 위에 일어나는 파도라는 인간의 생은 순간 바다 위에서 새로운 파고를 만들어낸다.

투박한 채찍 아래

여러 번 목메었지

일력日曆이 내장된

책갈피 펼쳐 들고

부르르 급하게 몸을 떠는

오늘의 엔진소리

—「시동걸기」 전문

세계는 눈에 보이지 않는 질서로 이루어졌다는 미학을 인정하는 시조는 칠백여 년의 흐름 속에서 무수한 주체들의 물방울로 작품을 만들어냈다. 시간의 흐름이란 어찌 보면 잔혹한 채찍일 것이다. 어떤 누구도 그 채찍을 피할 수 없다. 섬세하고 투명한 개인의 내면에 비한다면 채찍으로 표상된 거대한 시간의 흐름 앞에서 그냥 목메일 일만 남은 것일까. 끝없는 바다는 하나하나의 오늘이 이어져서 만들어진다. 오늘의 주인은 그러므로 스스로일 뿐이다. 시조 창작은 3장 6구 45자라는 질서의 바깥으로부터 자신의 내면으로 들어간다. 바깥에서 자신의 내면을 바라볼 때 무엇을 보게 될까. 그건 지나치게 자기중심적이지 않을 것이다. 바깥이라는 자연은 어쩌면 시조가 여백을 지니고 있다는 의미로 확대될 수 있지 않을까. 아직 뭐라고 쓰이지 않은 여백이 어떤 장르의 문학보다 많은 시조는 그 여백을 통해 타자를 불러들이는 공간성을 충분히 펼쳐 보인다. 주체는 시간 속에서 사라져가기에 투박한 채찍 아래 목멜 만한 삶을 살아왔지만 그건 세계라는 법칙 속에 움직이므로 시적 자아가 할 수 있는 일이란 오늘이 내장된 책갈피를 펼치는 일이다. 작품마다 글자 수가 조금 바뀌거나 변주된 내용 속에서 시조라는 거대한 흐름은 멈추지 않는다. 오늘이라는 중심점에서 물러나지 않기. 그녀 스스로 중심점에 서는 것이 중요하다. 시동을 걸 때 몸은 부르르 떨며 살아있음을 말하고 또 하루의 마디를 이어 붙이는 오늘이 태어난다. 이렇게 세계의 오랜 시계가 돌아가고 오늘의 엔진을 돌리는 자는 내가 되어도 좋고 네가 될 수도 있다. 이처럼 시조는 개인의 산물이면서도 각자의 사건을 통한 공동체의 문학이기도 하다. 이것이 시조가 전체에 대한 관망으로써 열린 미학인 이유이다. 시동을 걸고 달려가는 세계의 중심점에 내가 있기 위해 그녀는 시조 만들기를 멈출 수 없고 그녀의 이런 놀이의 즐거움이 세상을 돌아가게 한다. 어디서 다시 떨리는 소리(노래)가 들린다.

다시 가을이다

– 김용길의 『가을 하늘에 시를 던지다』, 한인철의 『달콤한 인연』

평행선을 달리고 싶다

시(詩)는 말씀 언(言)에 절 사(寺) 자가 결합된 회의문자로 그 뜻을 생각해보면 '말씀으로 절을 짓는다' 즉 '말로써 스스로의 내면에 부처를 모신다'가 된다. 시인은 말의 절을 짓고 마침내 자신이 부처임을 알기까지 언어의 집짓기를 계속한다. 그 긴 시간 동안 무슨 일들이 있었을까. 놓치면 안 되는 것들마저 시간의 굽이침에 다 흘러가고 훤히 비춰 보이는 시냇물 닮은 시집 한 권이 남았다. 십삼 년이 지난 지금 그를 둘러싼 여러 상황이 바뀌었을 테지만 첫 시집(『다이어트 하는 달』, 종려나무, 2010)의 표제시 격인 「내 안에 시인이 산다」에서 마주하는 그의 목소리는 두 번째 시집(『가을 하늘에 시를 던지다』, 종려나무, 2023)에서도 여전히 순일하다. 시를 쓰지 않고는 살 수 없는 사람, 이제 삶의 물리적 시간이 가을로 접어들었기에 누렇게 물든 잎새들 속에서 그는 오늘도 시인임을, 그것밖엔 할 게 없음을 언명한다. 시인은 전남 순천에서 태어났고 명지대학교 전통무예학과를 졸업했으며 '유환도사 · 2', '건달본색' 등 삼십여 편의 영화에 출연하기도 했다. 그의 이력에 비해 언뜻 시인으로의 길은 생소하기도 하다. 그러나 두 번째 시집에서 확인할 수 있듯 그에게 시란 언어로 하는 무예이며 그 정신은 상대방과의 격투에서 이기는데 뜻이 있는 것이 아니라 스스로 몸과 마음을 수행해서 참사람의 길을 찾아가는 데 있기 때문이다. 그는 삼십여 년 도시인으로 살았지만 뿌리는 아직도 고향에 있다는 생각이다. 그래서 그는 늘 방랑의 집을 넓혀가는 것이고 산천을 떠도는 김삿갓의 후예답게 때론 오토바이에 몸을 싣고 자신만의 언어로 집을 짓는 것이 아닐까.

남산에 걸린 하늘

돌멩이 하나 던지다

풍덩!

–「가을」 전문

무엇보다 그를 살게 하는 것은 세상을 향해, 더 나아가 끝없이 열린 공간을 향해 시를 던지는 행위 자체다. 이때 시의 돌을 던지는 행위는 삶의 에너지, 삶에의 의지이기도 하다. 어쩌면 무로 돌아갈 이 허무맹랑한 우주의 시간 속에서 한 점도 안 되는 인간이 할 수 있는 몸짓, 최선의 목소리가 시이기 때문이다. 가을이란 계절은 밖으로 발산되던 힘이 안으로 수렴되면서 여름내 팽창했던 꽃이며 잎들, 곁가지가 땅에 떨어져 텅 빈 무로 돌아가는 계절이다. 그러나 자연은 허허로운 가을의 끝자락에 비로소 열매를 마련하지 않는가. 땅의 안쪽 깊이 씨앗을 떨궈놓지 않는가. 시인은 "남산에 걸린 하늘"을 바라보면서 할 수 있는 일이 아무것도 없다는 것을 안다. 영원성에 비해 너무 보잘것없는 인간, 그렇지만 인간은 하늘을 향해 돌(시)을 던질 수 있고 던져야만 한다. 시인은 삼십여 년 전 고향을 떠나 도시에 정착했지만 그곳의 주인이기는커녕 도시인도 농촌인도 아닌 주변부의 삶을 살고 있다. 그래서 마음은 늘 고향의 산과 들로 달려가고 그곳 낯익은 나무에 입 맞추고 낮게 내려앉은 달을 올려다본다. 도대체 무엇이 그를 다시 이곳으로 불러세우는 걸까? 벌써 삼십 년이 지났는데 왜 마음은 아직도 거기 남아있는가. 그가 고향을 떠나 도시에서 마주한 것은 시작도 끝도 없는 거대한 자본의 얼굴이고 많이 가진 자 앞에서의 무력감, 자괴감, 때론 원망이기도 했다. 자본은 무한한 자유를 선사하지만 한편으론 반대급부의 그림자가 짙다. 그런 기득권의 논리를 떠받들기 위해 익명의 소외계층은 신음하고 있다. 힘 있는 자는 권력 유지를 위해 공격적으로 지배력을 행사하고 불평등을 조장하는 시스템을 만들어낸다. 그는 이런 모순과 부조리를 묵도하면서 그 속에서 거대한 기계의 나사로 마모되고 있는 자신을 직시한다.

담배 연기만큼이나 탁한 사연들
가방에 가득 채우고

한 사람 두 사람 모여 든다

"이 아저씨 따라가세요!"

팔려 가는 몸

전철로 두 시간 거리

처음 들어본 왈가닥 한 말들이 철거 현장에 깔린다

공기보다 시멘트 먼지를 수십 년이나 마신

사람들의 현장에서

오늘의 멍에를 쉽게 풀지 못한다

—「인력시장」 부분

뿌리는 아직 고향에 둔 채로 가지와 잎은 매캐한 연기를 뿜어대는 도시에서 또 하루 살아남아야 한다. 이 모순 앞에서 그가 할 수 있는 최선의 행동은 시를 창작하는 것이었을까. 시는 그가 덮어둔 갈망이나 무의식 등 아주 여린 결을 비로소 응시하는 것이고 그를 통해 인간 본연의 내재된 힘을 발산함으로써 건강한 삶이 가능하기 때문이다. 자본논리의 광폭성에 대한 시인의 대안은 아주 작은 것들을 키워내고 따뜻한 눈길로 보듬는 행위, 나아가 그것들과 함께 살아가기다. 이는 낮고 작은 이치이지만 겨울 땅속에 묻힌 하나의 씨앗에서부터 봄은 시작하지 않는가. 그것은 자본주의의 폐해에 대한 정당한 논리를 만들어가는 것이고 시인의 목소리가 끊이지 않고 발설됨에 따라 시를 쓰는 행위는 그 자체로 가치를 획득한다. 따라서 그의 시에서 발견되는 생명의 생동감은 그것이 개미든

석류나무든 봄바람을 노래하든 사람의 몸짓과 목소리를 얻어 시의 주체로 작동되곤 한다. 이는 그가 농경사회에 뿌리를 두고 있어 가능한 일이며 고향이 그에게 새겨놓은 DNA가 아닐까. 농경사회는 자연의 순리에 순응해야만 그 결실을 거둬들일 수 있다. 따라서 농부는 자연을 섬기고 귀 기울이면서 자연과 더불어 살아간다. 농부는 자연에 군림하는 왕이 아니다. 성황당의 나무도 가문 날의 빗줄기도 누렇게 익은 벼 이삭도 모두가 귀한 존재며 이것은 서로에게 흘러들고 하나의 네트워크로 이어져 있다. 하나가 무너지면 또 다른 하나가 쓰러지므로 작은 생명이라도 쉽게 파괴해서는 안 된다.

어릴 적 아버지 대신
어머니는 가장이 되셨다
할아버지 병간호 하며 들국화처럼 웃고 계셨지만
허리끈을 동여매고
이 집에서 돈을 빌려 저 집에 갚았다
기름진 논 네 마지기를
당숙에게 팔면서
돈 모아서 다시 찾아온다고 하셨지만
신경통에 중풍까지 찾아와 활짝 피어보지도 못한 어머니
꽃피는 5월에 떠나셨다
지친 하루하루 하늘을 보며 위로받고
달과 별을 보며 어둠 속에서 빛을 꿈꾼다

—「어머니의 유산」 부분

그의 시에서 고향의 중심점으로 작용하는 것이 어머니 상징이다. 어머니는 앞뜰에 피어있는 모란이나 장미처럼 화려하지 않다. 산비탈 들국화처럼 할아버지 병간호와 농사일에 하루하루 일만 하시다 가셨다. 그러나 어머니는 보리를 소쿠리에 담아 처마에 매달아 놓으시며 그것을 쥐들이 갉아먹을 것을 알면서도 다음 날 다시 옥수수를 처마에 달아놓으신다. 그리고는 쥐들이 입댄 음식을 깨끗이 씻어 그 위에 큰 돌멩이 하나 올려놓는다. 하찮은 쥐들에게조차 어머니는 귀한 양식을 나눠주고 싶으셨는지 모르겠다. 지친 하루, 하늘을 올려다보고는 하늘의 이치에 자신을 맡기고 달과 별을 보면서 어두운 밤하늘에 달과 별이 빛나는 것만으로도 충분하다고 생각하셨던 것일까. 어머니가 아들에게 남기신 유산이 어둠 속에서만 빛나는 달과 별임을 생각할 때 시인이 뜨겁게 시를 써 가는 이유를 짐작케 한다. 그가 고향을 떠나지 않았다면 이토록 간절하게 생명의 소중함을 알 수 있었을까. 낡고 작고 여린 것들에 대한 깊은 손길, 생명을 아끼는 마음길은 고향의 자연과 도시 생활의 접합을 통해 극명함이 드러나며 시의 추동력이 된다. 그의 정체성은 농경사회를 배경으로 하지만 도시적인 체험이 결합되면서 둘 사이의 경계 지점에 시인만의 말씀의 절이 세워진다. 도시의 일상에서는 마주하는 밋밋하고 허름한 현실, 그러기에 거기 새로 드러나는 의미에 대해 눈뜨면서 그만이 겪었을 밀도의 공간이 펼쳐진다. 이제 시인의 마음은 일상의 거리에서도 여린 생명들과 비위계적이면서 수평적인 관계망을 형성한다.

과수원 좌우로 병풍처럼 펼쳐진 아카시아
아침 저녁이면
커가는 그림자가 석류나무 머리를 짓누른다

톱질을 하는데
나무가 톱날을 물고 안간힘으로 버틴다

비명은 사방으로 튀고 수액은
가슴으로 파고든다

–「아카시아의 비명」 부분

힘없는 것에 대한 연민, 자애심은 그에겐 너무나 자연스런 감정이다. 더구나 「아카시아의 비명」에서 나무가 사람처럼 섬세한 감정으로 공명하듯, 비명을 질러대는 아카시아의 아픔을 자신의 몸으로 겪어낸다. 나무를 베어낸 후에 시인은 목 주위와 가슴까지 붉은 반점이 번지면서 생목숨을 끊은 죗값으로 온몸이 가려운 증상을 앓기까지 했으니까. 자연에는 하찮은 것은 없다. 모두가 하나의 유기체로 거대한 생명의 나무로 성장하고 있다. 그 생명나무의 가지를 끊어냈으니 나무의 마음이 되어 아파함은 어쩌면 그에겐 당연한 일이다. 그래서 그는 주변의 흐릿하고 사라져가는 것들을 찬찬히 들여다보면서 그들의 삶의 방식을 배워간다. 그 작은 것들은 고향에만 있는 것이 아니라 그가 살고 있는 도처에 얼마든지 있다. 두 번째 시집에서 특별히 주목할 것은 죽음에 대한 천착이다. 그의 뿌리와도 같았던 아버지, 어머니의 죽음, 자동차 사고로 떠난 큰누나, 물에 빠져 죽을 뻔한 작은집 누나, 죽음을 앞에 둔 작은어머니……. 그 또한 수술을 통해 '지옥에서의 탈출'과도 같은 고통을 겪어냈으며 물리적 시간으로도 가을을 지나 겨울은 멀리 있지 않다. 그는 심리적으로 어머니와 아버지의 죽음을 통해 어느 부분 죽음의 통과의례를 했던 것이다. 겨울이 되면 흰 눈이 내리듯 그것은 거부할 수 없는 자연의 순리니까. 죽음은 생명과 반대 지점에 있기보다 생명의 반대쪽 모습이 아닐까. 그런 죽음에 대한 관점을 시에 끌어들여 어머니에 대한 온전한 사랑을 시작한다. 죽은 자를 시의 공간에 불러냄으로 시인의 마음에서 그들은 여전히 살아있다. 그렇기에 지금 여기, 그의 시공간이 온전한 생명감으로 일렁일 수 있다.

돌아가신 지 3년 아버지가
지게를 지고
옛 시골집 마당으로 들어가신다
"아부지, 어, 아부지는 돌아가셨는데?"
대문 안에 지게를 받쳐놓고
걸어가면서 스모그처럼 사라지신디
무엇을 이야기하고 싶어
꿈에 보이셨는지

—「아버지의 땅」 부분

그에게 죽음이란 피하고 외면해야 할 대상이 아니며 삶 속에서 기꺼이 죽음에게 자리를 내어준다. 죽은 어머니와 아버지는 그와 한 뿌리로 이어져 있기에 그들은 결코 완전히 죽은 자가 아니라 시인의 무의식에 살아있는 존재다. 생명체 중 인간만의 독특한 특성이 있다면 그것은 죽음에 대한 인식이다. 죽음은 피하는 것으로는 그것을 넘어설 수 없고 삶 속으로 끌어들여 현재화하고 씨앗의 자리를 부여함으로써 비로소 죽음조차 자기 자리를 얻게 된다. 그러기에 죽음이란 우리에게 제한된 시간을 넘어설 수 있는 특이점으로 작용하며 반드시 삶 속에 그 목소리를 만들어야만 평생 화두인 삶이라는 다면체에 접근할 수 있다. 이번 시집에서 시인이 죽음에 대해 많은 시를 할애한 이유 또한 죽음에 대한 긍정만이 삶을 완전하게 한다는 인식에 있었을 것이다. 그래서 한바탕 축제를 벌이는 그의 시들을 만날 수 있다. 그가 시를 쓰는 이유는 죽은 자든 산자든 모두 현재 자신의 발아래 불러들여 노래하고 춤추는 행위일 테니까. 비생명적인 장승에게조차 생명을 불어넣을 수 있는 것이 바로 시다. 별님, 달님도 불러들이고 그들에게 술잔을 권한다. 이때 밤은 달콤한 사과처럼 익어가고 사람살이의 이야기, 생명 가진 것들의 리듬이 풀려난다. 접시꽃이 더욱 접시꽃답게 고개를 끄덕이고 도라지꽃은 더욱 도라지꽃답게 보랏빛 귀를 쫑긋 기울인다. 각자 자유의 공간을 허락한 철길을 그가 노래하는 이유가 여기에 있다.(“철길은 어린 날의 놀이터/ 종착역까지 기적을 울리며/ 평행선을 달리고 싶다” 「철길」 부분) 모든 개체는 고유한 자신의 생명을 지킬 자유와 권리가 있기에 평행선 저편 누군가에게도 자유를 허용하면서("거리를 유지하면서 마주 보는 두 개의 선로" 「철길」 부분) 삶의 종착역까지 힘껏 달려간다.

마을 수호신 장승 앞에서

시 한 편 낭송하고

달님 별님에게 술잔을 권한다

사과처럼 밤이 익자

이야기 보따리가 풀린다

접시꽃이 머리를 끄덕이고

도라지는 보라색 귀를 쫑긋

그네를 타던 도깨비들도 모여든다

—「외임리」 부분

시를 쓰는 행위는 현재 이 지점에 뿌리를 내리지 않고는 꽃을 피울 수 없다. 한 편의 시는 시인의 생명나무에서 피어난 꽃과 같다. 그러므로 한 권의 시집으로 삶의 꽃다발을 묶은 시인은 시의 꽃밭을 가꾸는 정원사다. 그의 정원에 들어서니 이제 막 피는 꽃도 있지만 시들어서 고개를 떨군 꽃도 있다. 한 편의 시엔 죽음에 대한 사색이 그 투명한 꽃잎과 꽃술에 깃들어 있으며 그렇기에 향기를 내뿜게 된다. 시인이 달려가는 그 어디든 시를 피워올리리란 생각을 한다. 이미 현재라는 땅에 뿌리 내리기를 한 사람들은 그 꽃피우기를 포기할 수 없다. 오늘은 이 꽃, 내일은 저 꽃씨를 심으며 자신이 피운 꽃들을 돌봐야 하는 그 일만으로도 세상은 겹겹이 풍성하다. 물을 주고 거름을 돋우고 너무 강한 햇살을 걸러 주면서 '봄바람에 고추밭에 덮었던 비닐이 하얀 스카프가 되어 소나무 목에도 걸리고 바람에게 세계 제일의 디자이너'라고 노래하는 그를 언제까지나 떠올려본다.

다시 새벽길에 서다

한인철 시인이 『달콤한 인연』(움, 2013)을 상재했다. 생각지도 못한 곳에서 만났다가 헤어졌던 어느 스님의 시를 다시 만난 듯 그의 시는 소박하지만 강력하다. 혹은 간결하기에 뜨겁다. 그에 대해 알고 있었던 사실, 삼십여 년 동부기술교육원에서 용접 기술을 가르쳤다는 교사로서의 정체성을 의심하게 한다. 시의 방엔 기계가 하나도 보이지 않는다. 방금 방의 주인이 머물렀던 자리는 해가 걸어가는 쪽으로 열려 있고 지는 해를 붉게 물들이며 지켜보았을 그의 어깨 너머, 피고 지는 자연의 몸짓을 시들은 닮아있다. 그 역시 화려한 치장을 몰랐을 리 없다. 그러나 거울의 안쪽 더 큰 세상과 소통하려는 열망을 시들은 품고 있다. 내용에서도 선시의 그것처럼,

'이 뭐꼬?'의 화두를 들고 선지식을 찾는 선재동자를 쉽게 만날 수 있다. 선재동자가 찾고자 한 것은 바로 자신의 마음이었을 것이며 온 세상을 돌고 돌아 더 큰 마음으로 변화(생성)해가는 한 편의 성장드라마, 시간의 궤적이 그의 시집 속에도 담겨 있다. 육십 편의 시들은 자연에서 그 제제를 가져왔으며 그건 아마도 그가 나고 자란 고향과 관련이 있을 것이다. 김제는 평야가 많은 곳이고 땅의 법칙이 어린 시절의 그에게 깊숙이 개입해 자아를 형성하지 않았을까. 비록 고향을 떠나게 되고 생활인으로의 짐이 무거워질 때도 자연은 어머니처럼 작동했음을 읽어낼 수 있다.

그의 시가 물, 불, 공기, 흙, 바람, 구름, 호수, 우물, 꽃, 나무. 태양, 달……의 자연의 질료로 짜낸 한 장의 직물이라면, 이 날아다니는 양탄자는 자연의 마음을 담고 있을 것이다. 그는 바람에 몸을 맡겨 구름과 달을 만지면서 자연 속으로 2013년 버전의 액셀을 밟아가고 있다. 그가 자본주의의 사회체제에 편입되고도 「어머니의 젖」이나 「어머니의 손」의 곡면으로 내면을 넓혀가면서 자연으로 연결된 동로를 열어두었음을 알 수 있다. 그의 정신은 과학주의나 이성주의보다는 동양철학의 오행론이나 노장사상에 더 가까우며 자연 속에서 끝내 허무를 건너가야 하는 인간됨의 어법을 보여준다. 그가 육십 편이 시들을 용접하여 구축한 시의 집 『달콤한 인연』을 세상에 활짝 열어 보이는 이유는 마음 중 가장 맑은 샘인 시의 마음을 나누고 싶기 때문이었을 게다. 그 또한 마음바다의 시작과 그 끝에 도달해보진 못했겠지만 허허로운 물 위에 배를 띄울 줄 알고부터 바다가 선사하는 그 기쁨을 함께하고 싶지 않았을까. 뭐라고 이름 붙일 수 없는 이 『달콤한 인연』의 배엔 그러므로 그 자신뿐 아니라 누구든 마음을 실을 수가 있다. 어디로 갈까? 어디로 가고 싶은가? 정해진 항로가 입력되어 있지 않은 이 배를 어떻게 항해해야 할지……. 육십 편의 시들은 자연을 이룬 세포들로 더러는 듬성하게 혹은 서느롭게 피어났는가 하면 사라지고 없는 직조법으로 짜여 있다. 그러므로 이 배에 탑승하는 것에 대해 안심해도 좋다. 어딘가로 나아가고 있는 이 '시집'에 마음을 싣는 것은 위험한 일이 아니다. 자, 눈을 감고 뱃머리에 서서 바람이 흘러드는 어린 마음을 불러내도 좋다.

그는 '형형색색의 세상 위에 어둠이 깔리는' 밤을 지나 '아롱아롱 불꽃이 장막의 촛대 위에 피어나는 새벽'의 시간이면 마음에 기대오는 '그림자 심장'의 소리를 듣는다. 새벽이면 피어나는 이 가냘픈 몸짓을 그는 꽃이라 부른다. 그 꽃은 낮의 세상에서 피어나는 형형색색의 빛깔과는 다르다. 화려한 한낮의 소란들이 어둠에 잠기고 아무 소리도 들리지 않는 밤의 산꼭대기를 지나 어디선가 물방울 소리가 들린다. 그는 그 소리에 잠에서 깨어나 그의 안에 있지만 그 실체를 잡을 수 없어 창가에 서서 뭐라고 몇 자 적곤 한다. '꽃은 꽃인데 차갑다?', '마음을 졸이면 씨앗이 남는다?' 그렇게, 「서리꽃」이 창 안쪽에 피어나고 「민들레씨 꽃등을 타고」 꿈길에서 놓친 사랑을 묻는다. 늘 잡을 수 없는 지난 꿈의 하롱대는 나비는 마음우주의 중심점처럼 몸의 촛대 위 불꽃으로 피어난다. 그렇게 새벽은 자신의 마음길을 새로 열고 밤의 긴 복도를 지나면서 꿈을 꿨던 별들의 하늘, 그 어둡고도 빛나는 세상을 향해 새들처럼 날아오른다. 구름에 올라 달을 만져보고 싶다. 그는 그 자신을, 몸인 촛대와 꿈인 불꽃이 한 몸으로 타오르는 마음이라는 이름으로 부른다. 그 꽃은 세상이 막 깨어난 새벽에 피어나기에 누구보다 일찍 창가에 서지 않으면 안 된다. 마치 달과 별의 가로등에 불을 켜는 사람처럼. 그래서 그에게 새벽은 어제의 마음이 내일의 마음을 향해 날아가는 시간이다.

어둠과 빛 사이
어디로 가야 합니까
돌아서면 그리운
술래잡긴 이제 더는 싫습니다

참으라면 다시 울 수밖에 없겠지만
그대의 마음 붙잡을 수 있는
동산
빛이 우거진 숲을 걷고 싶습니다

—「새벽나무」 부분

그리움에 물들었기에 그 나무의 몸통은 꿈결이 되어 하니, 돌 지는 드문 별의 하늘 너머를 헤맨다. 태어나기 전 나무에 각인된 뿌리의 언어가 있었던 것처럼 나무는 어둠과 빛의 두 세상을 산다. 어둠이 내려 어둠에 녹아내리는 술래잡긴 이제 싫다고 말한다. 왜냐면 나무는 그리움의 씨앗이 심어진 새벽나무이기 때문이다. 빛의 씨앗이 태어나기 전 저 별의 하늘로부터 심어졌기에 나무는 그 언젠가 더 큰 나무가 자신의 꿈길로 찾아와 꿈의 문 앞에 내려놓고 간 두 발의 흔적을 지울 수 없다. 그는 새벽이면 큰마음을 향해 날아오르며 자신이 살았던 별을 지나 달을 만나고 해를 향해 웃으며 헤어진 벗들을 만난다. 그들은 우주라는 마을에 각자의 주소를 갖고 사는 이웃들처럼 네트워크로 이어져 있으며 그리움이라는 인연의 그물망을 짜고 있다. 시인은 그 그물을 달콤하다고 말한다. 그물은 한 올씩 넓혀지고 좁혀지면서 풍성한 우주를 열어가고 새로운 사람이 머무는 곳으로 번져간다. 어제와 다를 것 없는 오늘이어서가 아니다. 새벽마다 그 그물망의 중심에 그가 새 꿈을 짜 올리기 때문이다.

별은 떠서 하늘을 높게 하고
달은 떠서 호수를 깊게 하고
해는 떠서 세상을 넓게 하고
임은 떠서 사랑을 알게 한다

—「달콤한 인연」 전문

별과 하늘, 달과 호수, 해와 세상이 함께 살아가는 큰 마을의 중심엔 사랑하는 임이 살고 있다. 이 마을의 운행은 임이 중심이기에 넓어지고 깊어지는 운동으로 열려 있다. 바로 이 무한히 깊고 넓어지는 작용이 '마음'이라고 시인은 말한다. 마음은 달과 별, 해를 이룬 물질과 같은 성분으로 사람의 육체를 피워내 그 안에 심장처럼 뜨겁게 두근거린다. 마음이 정신과 물질로 이루어진 존재라면 그 원리를 가장 분명하게 말한 동양철학의 음양오행론에 기대어 그의 시를 살펴볼 수도 있을 것이다. 오행(五行)인 목(木), 화(火), 금(金), 수(水), 토(土)는 우주의 운동 원리에 해당하며 무극(無極)에서 음(陰)과 양(陽)이라는 서로 상반되는 기운이 나타나게 되고 이것은 그의 성(性)과 질(質)에 따라 태극(太極)으로 변화하며 오행이 이합집산(離合集散)하는 모양을 취하게 된다. 그가 그려내는 우주의 그림은 물질을 이루는 원질료인 나무나 불, 쇠, 물, 흙이 서로 뭉치거나 나뉘면서 변화하는 질서정연하면서도 비밀이 감추어진 우주의 조감도와 너무나 닮아있다.

깨어진 거울조각에서 피어나는 하얀 꽃, 우주의 운동 원리는 만물이 발전(발산)하고 다시 통일(수렴)되는 양면성을 지닌다. 형태를 가진 모든 물상이 극점까지 분열했다가 다시 수렴하는 이 과정은 숫자, 0(無極)에서부터 1(太極)을 지나 2, 3……9를 거쳐 10(皇極)에 이른다. 10은 0과 1을 합한 수로 이 속엔 텅 빈 0(無)과 음양이 처음으로 생성되는 1(太極)이 내면화되어 있음을 보여준다. 그의 시가 봄과 여름, 가을과 겨울의 이미지들로 엇섞이면서 순환하는 우주의 운동을 드러내는 이 친연성을 거울을 매개물로 스스로의 마음을 찾고자 하는 그의 시들에서 다시 확인할 수 있다. 이 시들의 주제를 오행의 분산과 수렴의 운동과정을 통한 마음 찾기로 본다면 과연 마음의 이미지는 어떠할까. 상상할 수 없는 여러 면을 가진 거울을 상정할 수 있다. 그 거울은 하나의 거울 속에 수천만의 세상을 비추기도 한다. 각각의 면마다 사람이 살고 있거나 달, 별,

꽃송이가 피었다가 진다. 어떤 거울은 흐려서 그 속이 보이지 않고 또 어떤 거울은 안드로메다은하도 들어와 흐르고 있다. 거울은 물처럼 투명하게 대상을 비출 뿐 자신을 대상화하지 않는다.

거울을 닦고 또 닦으면
닦을수록 꽃의 얼굴을
눈동자에 새겨주며
거울이 본 사실이 전부라고
우겨대니
참을 수 없어
거울을 두 동강 내자
쨍그랑거리는 꽃 두 송이
볼수록 치미는 울화로
또다시 거울을 깨뜨리니
조각마다 번갈아 피우는 하얀 꽃
눈을 감고 보니 그곳도 꽃밭일 때
하얀 꽃 너에게는 내 눈이 땅
내 눈에 살았으니
하루라도 살고자 한다면 꽃처럼 살자 그런다

—「거울꽃」 전문

「거울꽃」 속에는 두 개의 내가 있다. 거울 밖에서 나를 찾는 나와 거울 속의 나다. 두 개의 자아는 두 개의 시간을 살아간다. 거울 속엔 익숙한 이름표를 단 사람이 우리에 갇힌 듯 이리저리 거닐고 있다. 그를 둘러싼 희부연 먼지가 거울 밖 세상을 보지 못하게 한다. 거울 밖에서 거울 속 세상을 바라보는 그는 안개세상을 넘어 큰마음의 법칙성, 운동의 원리에 자신을 부합시키고 싶다. 그래서 그는 거울 속 자기를 찾고자 한 편의 모노드라마를 연출하고 마음을 다해 연기한다. 「백설공주」의 왕비가 세상에서 제일 예쁜 사람이 누구냐고 거울에게 묻는 것처럼 그는 진짜 나를 보여 달라고 한다. 거울은 얼굴은 같지만 눈동자엔 하얀 꽃이 피어있는 한 사람을 비춰준다. 그는 하얀 꽃이 아니라 나를 찾고 있다며 거울에게 다시 물어보지만 여전히 하얀 꽃을 보여준다. 화가 난 그는 거울을 깨뜨려버린다. 두 동강 난 거울조각에 피어난 하얀 꽃들. 다시 거울을 깨뜨릴수록 하얀 꽃이 만발한 꽃밭이다.

하얀 꽃이 그의 눈 속에서 피어났던 것처럼, 꽃에게는 그의 눈이 땅인 것이다. 그는 하얀 꽃밭 속에서 거울이 있는 그대로를 보여줬다는 것을 알게 된다. 하얀 꽃은 그의 원래 얼굴이었던 것이다. 나라는 주체는 세상 속에서 만들어진다. 세상을 살아갈수록 내 얼굴은 주름지고 내가 알아볼 수 없는 내가 거울 너머에서 나를 본다. 내가 떠나가는 마지막 날엔 거울세상엔 텅 비고 하얀 꽃만이 피어있을 것이다. 이 꽃이 흰색인 이유는 주체가 형성되어 오염되기 이전의 순수를 말하고자 함이 아닐까. 인간의 육체는 물질의 법칙에 지배를 받으며 시간 속에서 훼손의 길을 가야만 한다. 그러나 이 꽃의 아이러니는 육체라는 땅이 있어야만 필 수 있다는 점이다. 그는 세상을 살면서 하얀 꽃은 결코 내가 아니라고, 나를 내놓으라고 거울을 닦고 또 닦지만 하얀 꽃만 오롯이 떠올리는 거울 앞에서 떨어진 몇 조각 꽃잎의 시를 들고 눈을 감는다. 이 모든 우주의 운행을 마음으로 받아들이면서 내 몸이 내 것이 아니란 생각, 지금 살아 있는 육체로서의 눈, 눈에 피어나는 하얀 꽃이 마음이라고 깨닫는다.

마음은 형상도 아니며 질료도 아니면서 그 둘을 모두 수렴하고 있는 변화(생성)운동이기에 이 운동은 일회성이 아니라 영원히 반복된다는 가정을 할 수 있다. 영원회귀의 이 거대한 시계 앞에서 인간이란 먼지처럼 부유하고 그때 시인은 바로 나의 눈 속에 핀 꽃을 보라 한다. 내 눈은 바로 땅을 딛고 있으며 살아 있는 마음길이 삶의 중심점이라고 말한다. 그러므로 하루를 온전히 살아내는 이 삶 속에서 끝내 꽃이어야 한다는 인식에 이른다. 서로의 네트워크로 이어진 마음과 마음 사이의 감응 속에 행동의 주체인 나는 시의 전류를 흐르게 한다. 하나인 나에서 출발했지만 더 크고 깊은 출발점(끝점)으로 돌아가기 위해 나는 다시 길을 걸어간다. 내가 더 크고 깊은 나에게 돌아갈 수 있는 방법은 그 출발점에 피어있던 하얀 꽃의 삶을 살아가는 일이다. 그의 시 쓰는 일은 바로 이 꽃을 다시 피워내는 일이 아닐까.

내가 좋아 걷는 나의 길은
한적하고 소박하며
정갈한 꽃들이
내 마음을 향해 웃어주어 좋습니다

언제나 이 길을 걷고 싶지만

다시 접고 되돌아갈 수 있는 이유는

마음을 주관하는 이가

나인 까닭에

–「마음길이 자란다」 부분

혼돈상태(무극)에서 하얀 꽃이 서려 한 생명이 태어나고 희미한 기억의 물살 위에 떨어진 별의 씨앗, 시를 줍는 시인은 푸르른 빛 줄기를 만진다. 어둔 마음속에 한 줄의 시가 생성되는 새벽에 비로소 마음길이 자라나는 것이 아닐까. 마음길을 걸어가 보면 처음 왔던 것 같지 않고 전에 왔던 길만 같다. 시인은 이 길의 안쪽으로 더 깊이 걸어간다. 자기의 육체를 땔감처럼 태워야만 열리는 길, 이 길은 선선하면서 따스한 웃음의 길이기도 하다. 더구나 그가 새벽마다 창밖을 통해 바라본 그 서릿빛이다. 그 빛 속에 조각난 시의 퍼즐을 맞추는 이유 또한 그 길의 주인이 바로 자신이기 때문이다. 때론 이 길이 이시 끝나기를 바라면서 길의 끝까지 걸어가고 싶지만 다시 접을 줄 아는 건 마음길을 접고 펼치는 그가 바로 나인 까닭이다. 기억의 그 별이 그의 컴컴한 하늘에 피고 진다. 나의 육체는 마치 한 자루의 촛대처럼 초가 다 녹아내려야만 별을 닮은 불꽃을 피울 수 있다고 스스로에게 중얼거린다. 그렇게 자신을 씻어내는 날들은 그가 새벽의 시간에 불꽃으로 서게 하고 새벽은 다시 모든 시간이 열리면서 마음길을 자라게 한다. 자, 마음길 저편에 당신의 성이 빛나고 있다.

어찌 된 영문일까
하늘은 텅 비어 있고
어둠에 눌린 지상의 별들만이
길 위에 서서 떨고 있습니다

내 안에 뜨는 별은
늘 그랬듯이
나를 피고 지우는데

뜨거워도 기꺼이 참는 까닭은
초가 녹아내려야 불꽃도 타오르듯이
날 가꾸는 별 또한 먼동이 터야
나를 녹여 당신의 성을 짓기 때문입니다

—「새벽길을 묻다」 전문

서구의 인간중심주의의 기계론적 사고가 자연을 대상화하기에 이르렀고 자연은 황폐함으로 남겨졌다. 황무지가 된 자연은 바로 인간 스스로가 황무지임을 자인하게 한다. 그러나 동양적 세계관에서 자연과 인간의 관계는 다르다. 자연을 정복해야 할 대상으로 생각하지 않으며 인간은 자연의 일부고 인간조차 한 조각 깨진 거울로 그 깨진 거울에 만물이 다 비춰들 때까지 거울 길을 닦고 닦는 것을 사람의 길이라고 말한다. 그러므로 그 길은 밝을수록 가파르고 아프다. 시인 역시 뜨거운 연옥의 현실을 기꺼이 참아내는 것이 사람이 가야 할 길임을 알기에 이 땅에서 건강하게 뿌리박은 생활인으로의 면모를 보여준다. 그의 자세는 사람이나 세상의 방식에 큰 거부감이 없으며 서로 모순되고 대립되는 이 현실 속을 엿장수가 되어 노래 부르고자 한다. 이 점은 그가 콩고를 방문한 두 편의 시에서 그 눈부신 실마리를 읽어낼 수 있다.

「엿장수」와 「킨샤사에 두고 온 사람들」은 그의 의식이 이분법에 매몰되어 있지 않다는 것을 알게 한다. 즉, 그에게는 문명(기술)이 무엇이든 할 수 있는 권력으로 작동하지 않는다. 이 점이 그가 자연의 질료로 시를 만드는 시인임을 확실하게 말해준다. 콩고는 자원의 약탈과 더불어 지식의 가난이 오늘의 황폐함을 만든 나라다. 그는 기꺼이 지식(기술)을 나눠주는 엿장수가 되어 그들의 그늘진 마음에 빛을 비추고 싶다. 마음과 마음을 공명시키는 가위소리를 킨샤사 거리 복판에 울려댄다. 그는 문득 삼십여 년 엿장수가 되어 떠돌아다닌 자신을 만난다. 엿장수의 가위소리는 쇠소리로 굳이 오행론에 적용하면 조화의 기운이다. 그의 자연적인 연령은 봄을 지나 가을의 절정을 피워내고 있다. 쇠의 기운이란 봄의 특징을 드러내는 나무와는 정반대의 작용을 하지만 쇠는 위로 뻗는 기운을 안으로 감싸 결실의 특징을 드러낸다. 마치 나무의 기운을 포용하여 수렴하려는 듯 그는 시장바다에서 큰 가위를 쩔렁거리면서 서로의 빛을 나누고 있는 게 아닐까. 누구에게나 다가갈 수 있고 정을 잃어버린 사람에게 옛 시간의 둥치를 일깨우는 가위소리를 가난한 귀에 들려주려는 그의 시들이 오래 빛났으면 좋겠다.

십 년 후
예언의 지도처럼 생긴 엿도 떼어 줄 수 있고
이십 년 후
공장처럼 생긴 엿가락을 떼어 줄 수 있도다
얼씨구 기분이다 큰마음 먹고
삼십 년짜리 여인네 젖가슴 닮은 엿도 떼어 줄 수 있느니

쉬어갈까, 마음먹고 철푸덕 왕나무 밑에 앉았더니
검은 개미가 제집 그늘졌다고 웅성웅성
종아리까지 올라와 간질거려
기름에 절인 고철 하나 들어 울 치면 너희의 재앙이고
설탕 절인 엿가락 하나 울 치면 너희의 낙원일 것을
나는 알고 너는 모르니 너희의 운명에 나는 엿장수로다

—「엿장수」 전문

II

다섯 편의 시로
시인 읽기

바람이 불어가는 곳에서 시작하다

'나의 가계(살림살이)'는 한 사람의 자아를 만들어냈으며 지금도 가동 중이다. 그런 이유로 자아와 가계를 공장주와 공장의 관계로도 비유할 수 있지 않을까. 따라서 그 자신이 겪어낸 시간과 공간으로 이루어진 구조물은 나를 중심으로 혹은 내가 중심이 되어 어쩔 수 없이 돌아가며, 삭제하고 싶지만 삭제되지 않는 사람들과 공명하는 장이기도 하다. 자아가 자기공동체라는 복수성에 가까운 이유는 나는 아직도 삶을 살아내고 있으며 열린 결말이기 때문이다. 자아는 타자를 통해 한 걸음 세상으로 발을 내디뎠다가 지뢰가 터져 상처를 안은 채 되돌아오기도 한다. 그러나 나는 태양 아래 뭇 생명체인 것처럼 내 속에 움츠렸다가 다시 힘을 내어 두 걸음 앞으로 내디딘다. 그것이 상승운동인지 원환운동인지 정답은 없다. 단지 나에게로 돌아와 '이것이 정말, 내가 원하는 나인가?'를 물어보는 물음, 지난 나에게 손을 내미는 반성적 행위를 통해 나의 자아는 새롭게 만들어진다.

그러므로 세상 속에서의 불화는 아이러니하게도 자아가 도약할 수 있는, 자아를 만들어갈 수 있는 지렛대 역할을 한다. 박완호 시인의 2017년 다섯 편의 시(「나의 가계」, 「피아노」, 「새들, 새들」, 「마성(麻城)터널」, 「소낙비」)를 만나면서 그의 가계(공장)가 만들어낸 다른 상품들이 궁금해졌다. "그날 이후, 나는 나이테가 없어졌다 정맥줄기까지 바짝 마른 나뭇가지에 아슬아슬하게 매달린 이파리들"(「나이테」 부분) 사춘기에 어머니를 잃은 것과 그로부터 십육 년 후 어머니 무덤 아래서 스스로 세상을 떠나신 아버지……. 언어가 멈춰버린 지점, 그 무엇으로도 메울 수 없는 슬픔 앞에서 그는 자신의 나이테가 없어졌다고 말한다. 영혼은 있지만 몸이 없는 상태를 유령이라 한다면 몸은 있고 영혼이 작동하지 않는 상황에서 그는 살기 위해 무언가에 매달려야 하지 않았을까. 그것이 그에게는 쓰기였고 검은 물 앞에서 쉬지 않고 써 내려가야만 숨을 쉴 수 있지 않았을까. 물의 범람 속에서 언어는 간신히 목숨을 지켜줄 수 있는 구명조끼와도 같았을 테니까.

나의 가계는 고향집 뒷마루 먼지 뒤집어쓴 채 엎어져 있던 낡은 거울입니다. 끝 페이지가 찢어진 연애소설의 누군가 침 바른 연필로 꾹꾹 눌러 쓴 글씨자국입니다. 흐릿해진 글자들을 덮으려다 떠올린 초등학교 옆 골목, 달맞이꽃 핀 마당을 훔쳐보는 까치발입니다. 을지로에서 광화문, 백만 인파를 헤치고 달려가 기어이 만난 친구의 허술한 웃음입니다. 그의 어깨 너머 눈 시리게 나부끼는 촛불 너울입니다. 광장의 밤하늘을 맴도는 새들, 잿

빛 허공에 새겨지는 속 맑은 울음입니다. 시인이란, 슬픈 천명인 줄로만 알다 뒤통수 된통 얻어맞고도 또 펜을 드는 난, 아직 나를 다 알지 못합니다.

–「나의 가계」 전문

기억의 원추형 기둥 모서리를 만져보면 고향 집 뒷마루가 떠오르고 그의 어린 자아를 만날 수 있다. 문득 다가가면 자아(거울)는 이미 낡았고(늙었고) 엎어져 있다. 그곳에 나뒹구는 연애소설의 끝 페이지는 찢어져 있고 소설 속 주인공은 소설이 완결되길 꿈꾸기보다 침을 발라 꾹꾹 눌러, 글자들의 집에 문패처럼 자신의 글씨 자국을 새겨놓았다. 글자들의 주문이 흐려올 때마다 기억의 마당으로 돌아오면 달맞이꽃을 만난다. 어둠 속에 피어있는 달맞이꽃은 시인의 모습을 닮아있다. 여린 그 꽃에게 다가가지도 못하고 까치발로 훔쳐보는 이중적 자아에서 그가 쓰는 시의 방식을 짐작할 수 있다. 세상 속으로 뛰어들기보다 거리를 두고 지켜보는 곁시각은 성장과정에서 만들어진 생리가 아닐까. 그가 살아온 시간과 공간의 구축물인 작품들은 그렇기 때문에 그만의 여백으로, 그만의 엇박자로 충분히 아름다운 것이다.

시인은 다섯 편 시를 통해 2014년 4월 16일 세월호 참사에서 2017년 3월 10일 박근혜의 탄핵가결, 2017년 3월 22일 세월호 인양까지 광장민주주의의 기적을 따뜻하고도 정직한 시선으로 읽어내고 있다. 이천만 촛불연대가 불패의 권력자를 무너뜨린 역사적인 사건은 부끄럽게도 어린 목숨들의 죽음으로 그 문을 열 수 있었다. 국민적 애도에서 시작해서 어리석은 왕(대통령, 재벌, 관료……)

을 끌어내리기까지 촛불의 역류 속 한 잎 시인은 무엇을 생각하고 꿈꾸었을까. 백만 인파를 헤치고 찾아간 그는 그 끝을 가늠할 수 없는 벽 앞에서 그저 허술한 웃음만 지어 보였다. 그러나 촛불이 승리할 수 있었던 이유는 이 시대에 아직도 시인을 천명으로 여기는 친구(들)가 있다는 진실! 그들은 각자 천명이라 여기는 자리에서 너울대는 한 잎의 사랑을 기어이 밝혀낸다. 그들의 목소리는 권력의 패거리 문화를 거부하기에 상대적으로 작다. 그 목소리에 귀 기울여야 하는 이유는 이제 세상은 더 이상 가진 자들의 무대가 아니기 때문이다. 끝내, 힘없는 이들 편에 서는 것! 목소리조차 가지지 못한 새들과 몸짓만을 가진 풀들에도 몸을 낮추는 자세다.

1. 시인이 꿈꾸는 세상

세계경제는 케인즈주의(수정자본주의) 실패 후 신보수 세력이 다시 득세하는 시기를 맞이했다. 그들에 의해 도입된 신자유주의는 1970년 이후 시장을 지배해왔다. 2008년 미국의 금융위기로 체제의 모순성이 드러나기까지 세계를 물신시구로 만들어버렸다. 현대인들은 돈을 숭배하는 종교에 빠져버렸다. 신(돈)은 어떤 기적도 행할 수 있으니까. 사랑이든, 목숨이든, 화학무기든, 대량학살이든……. 사람들은 자신의 신체로 부를 창출할 수 있다는 노동윤리를 더 이상 신뢰하지 않으며 모든 것을 돈으로 살 수 있다는 마비증세에 빠져버렸다. 무언가 잘못되어 간다는 것을 느꼈지만 무엇이 잘못되었는지에 대해 눈을 감고 귀를 막아버렸다. 왜냐면 스스로가 그 체제의 부역자이며 피라미드 꼭대기의 권력자들은 그것을 교활한 포장술로 숨겨왔으니까. 국가는 시장의 이윤을 극대화하려는 기업가들을 규제하고 조정하는 역할 대신 법치주의의 탈을 쓰고 국민의 손과 발을 묶어버렸다. '인간'을 위한 법이기보다 법을 위한 법이 되었다. 신자유주의 체제하에서 노동력은 남아돌며 세상은 생존의 전쟁터가 되었다.

노무현 정부나, 김대중 정부조차 신자유주의의 해일 앞에 허물어졌다. 이명박 정권과 박근혜 정권을 거치면서 대한민국은 체제의 모순성이 또 다른 모순을 생산해냈다. 금융자본 없이 개인이 정당하게 노동을 해서는 살 수 없는 나라가 되어버렸다. 이런 노도 앞에 어떤 해결책도 내놓지 못하고 재벌들과 결탁하기에 바빴던 박근혜 정부의 권력 탐욕주의, 무사안일주의는 국민 앞에 상징적 사건으로 민낯을 드러냈다. 2014년 4월 16일 어린 목숨을 제물로 바쳐야 했던 세월호 참사! 침몰 과정을 낱낱이 지켜보아야 했던 국민은 분노와 자괴감, 자책을 넘어 어디부터 잘못되었는지 묻기 시작했다. 책임자들의 처벌은 물론 국민 전체의 반성이 일어났다. 몇몇 가진 자들, 그들만이 이 불합리한 세상을 만든 죄인은 아니다. 직접적인 원인을 제공한 자들이 처벌을 받아야겠지만 이런 세상을 만든 잘못은 우리 모두에게 있지 않은가. 돈의 탐욕에 휩쓸렸던 것은 바로 나 자신이었으니까. 무언가 이상하다는 것을 느꼈지만 잘못된 것을 말하려 하지 않았고 이기적으로 등을 돌려버렸다. 세월호의 희생이 아니었다면 이 체제가 얼마나 기만적인지, 나 자신이 얼마나 물신주의자인지 끝내 알지 못했을 것이다.

울컥, 치미는 파도의 아린 기억을 그이는 물거품으로 연주해요 바람은 바닷가 벼랑 사이로 애인의 숨결마냥 간지럽게 불어와요

피아노는 물고기, 피아노는 꾀꼬리, 피아노는 바람, 피아노는 나무, 피아노는 노래, 피아노는 그와 나의 모든 것

구름은 피아노의 검정, 물소리는 피아노의 하양, 반음으로 떨려오는 풀벌레들의 연둣빛 감정……

누가 물의 건반을 두드리는지 어디서 비릿한 파도소리가 밀려와요

그이도 나의 노래를 듣고 있을까요 수천수만의 나뭇잎들이 한꺼번에 내는 파란(波瀾)

—「피아노」 부분

시인은 피아노라는 상징물을 통해 음악적 코스모스의 세계로 문제해결의 시선을 확장한다. 음악은 언어 중심의 세계에 대한 해결의 실마리를 제공한다. 피타고라스 학파에 의하면 음악적 경험은 혼돈에 빠진 영혼의 질서를 되찾는 카타르시스다. 음악에서 두 개의 축인 멜로디와 화음의 직조를 통한 공간을 상상하다 보면 그가 애도하는 지점에 다가갈 수 있다. 어린 학생들은 질서가 넘치는 세상을 꿈꾸었지만 기어이 바다로 내몰렸다. 바다는 물의 나라이므로 죽음으로 읽힐 수 있고 시간이 멈춘 곳이다. 지평선 너머, 떠

난 이들을 위해 시인은 건반을 두드린다. 그가 바라는 세상은 물고기와 꾀꼬리, 바람과 나무, 노래……. 타자와 나 사이 음률이 질서를 만들어가는 세상이다. 타자를 있는 그대로 받아들이는 노력으로 운행의 질서가 만들어진다. 구름과 물소리, 연둣빛 풀벌레의 감정까지도 들을 수 있는 아주 작게 열리기도 하는 세상. 그런 곳이라면 죽음의 소리까지도 들을 수 있다. 기억 속에서조차 성급히 그들을 죽음으로 밀어 넣지 않는 마음이다. 죽은 자가 들려주고 싶은 말을 들으려는 귀, 이때 시인은 이미 나뭇가지 위에서 노래하는 새들의 자리로 옮겨 앉아 있다. 세상은 진실을 보려는 자, 들으려는 자에 의해 수천수만 나뭇잎들이 내는 오케스트라의 교향곡이 아닐까.

2. 죽어도 죽지 못한 새들을 위하여

세월호 유가족들이 끝까지 요구했던 것은 진실규명과 책임자들의 진정 어린 사과였다. 애도작업은 사랑 그 자체를 욕망하는 자세에서 시작한다. 사랑이 주체로 전환하는 순간, 기적이 이루어진다. 그때 죽은 자는 섬광처럼 새가 되어 저 하늘로 떠나갈 수 있는 것이 아닐까. 그러나 긴 시간 권력자들은 애도는커녕 어린 죽음을 돈으로 매수하려는 물밑교섭을 진행했다. 위정자들은 가장 무서운 것이 무엇인지 알고 있었다. 진실이 드러나서 사랑이 주체가 되는 세상! 그들은 경제가 망가진 것도 모두 세월호 때문이라고 여론을 몰아갔다. 국민은 서서히 미디어의 작동방식에 적응되었고 세월호에 대한 말들이 지겨워졌다. 조직적인 은폐 속에 세월호에 대한 인식이 매도되는 동안 우리 모두는 진실에 양쪽 귀를 닫은 상태이며 한쪽 눈을 가린 수동적 공범자들이다. 그런 오인 속에 한 번 더 억울하게 죽어간 영혼 또한 한쪽 귀를 닫고 한쪽 눈을 닫은 채 저 세상으로 건너갈 수도, 이쪽으로 건너올 수도 없는 유령으로 출몰할 뿐이다.

양쪽 귀를 닫은 새들이 노래합니다. 날갯죽지로 두 눈을 가린 새들이 날아듭니다. 발가락 부러진 새들이 불타는 숲을 종종걸음으로 가로지릅니다. 서둘러 익은 사과가 붙들었던 가지를 놓으며 안녕, 엄마보다 늙어버린 아이처럼 땅바닥에 떨어집니다. 부서진 온도계 눈금에 걸린 시간은 계속 제자리걸음을 걷는 중입니다. 떨어진 사과는 냄새만으로도 벌레들을 불러들입니다. 한쪽 눈을 뜬 새들이, 한쪽 귀를 연 새들이, 한쪽 다리를 절룩대는 새들이 하나 둘 날아오르기 시작합니다. 숲 가운데 서 있는 나무의 그림자가 조금씩 흐릿해집니다. 눈귀 밝은 새들은 제 그림자를 스스로 지워가며 어디론가 떠나가고 있습니다.

—「새들, 새들」 전문

삶과 죽음의 경계는 필연으로는 설명될 수 없다. 사건, 사고는 어디에나 매복되어 있다. 따라서 살아남은 자의 의무는 먼저 간 자의 억울함을 풀어주고 다독여서 잘 보내주어야 한다. 그것을 위해 삼 년여 동안 세월호 유가족들은 무소불위의 권력과 맞서 왔던 것이다. 박근혜 정권이 무너진 것은 우리 안에 있는 진실, 끝까지 무고자의 편에 서겠다는 성숙한 시민의식의 승리였다. 그런 몇몇 사람들에서 촉발된 사랑의 힘은 전 지구적으로 확대되는 자본주의의 폐해를 들여다보게 했다. 세월호 참사가 무리한 화물 적재나 진도 VTS 관제시스템, 골든타임 허비, 탈출한 선원들, 허둥댄 정부의 초동대처라는 직접적인 원인 외에도 그들이 죽어가야 했던 전반적인 이유를 밝히고 싶은 열망이 번져갔다. 그리고 그 모순의 끝에서 누구도 자유롭지 못하며 '우리'라는 공동체 책임론이 촉발한다. 사회 전체의 진정 어린 애도로 간신히 날 수 있게 된 새들은 한쪽 눈을 뜨고 한쪽 귀를 열고 한쪽 다리를 절룩이며 날아오르기 시작한다. 새들이 앉았던 나무는 조금 가벼워졌는지 그림자가 흐릿해진다. 그들 중 눈 귀 밝은 새들은 위로의 마음을 읽었는지 슬픔을 안은 채 자신의 그림자를 지우고 날아가 버린다.

3. 마성터널에서 애도하다

그렇다면 박완호 시인이 시를 통해 제시하는 구체적인 애도의 방법은 어떤 것인가. 그들의 고통 속으로 들어가기, 그들을 살기 방식을 보여준다. 즉, 죽은 자의 목소리를 날것으로 듣는 것이다. 그들의 목소리를 듣기 위해선 끝까지 그들 편에 서겠다는 지향점이 필요하다. 권력이나 돈의 논리에 편입되지 않고 인간이 지켜내야 할 가치를 확실하게 알고 실천하는 힘! 나 자신에게 되돌아와 스스로에게 나직하게 물어보는 반성적 인간, 그런 주체로 다시 태어나는 것이다. 그때 나의 주체는 한 걸음 앞으로 내디딜 수 있고 나와 대화한다는 의미에서 복수성이며 타자들과 긴밀하게 결속하는 관계다. 용인시 마성리 석성산의 마성터널은 유난히 교통사고가 많은 지역으로 호랑작가의 웹툰 '마성터널귀신'으로 전이가 일어나기도 했다. 시인은 마성터널이라는 장소의 특이성을 설정해서 그들이 갇혀 있을 공간을 상정한다. 터널을 지나면서 어린 혼령들이 떠돌고 있다는 생각을 했을 것이다. 시인은 그들 혼령에게 빙의해서 목소리를 듣고자 하며 그들의 아픈 목소리를 우리에게 들려주고자 한다.

햇살이 자꾸 마음을 난도질해요. 나는 또 터널 앞에서 머뭇거려요. 죽음의 이력을 더는 들키고 싶지 않아요. 언제부턴가 마성(魔聲)이란 글자만 계속 떠올려요. 그날도, 수학여행을 가던 사월이었나요? 앞으로 나란히 하듯 한 줄로 늘어선 버스들이 터널 속으로 들어서고 있었나요? 불현듯 귓속을 파고드는 불협화음들! 앞차의 꼬리와 부딪치려는 찰나 깜깜한 머릿속을 훑고 간 환한 빛줄기는 무엇이었나요? 터널을 지나온 바람에게 들었는지, 나뭇잎들이 무언가를 속기하듯 써가고 있어요. 글자들이 다 흐트러지기 전에 저것들을 어서 베껴 적어야 하는데 햇빛이 또 눈을 가려요. 허공의 글씨들이 금방이라도 지워질 것 같아요. 눈 내신 귀로 새기란 걸까요. 차들이 부딪치는 소리 말고는 아무것도 안 들리는데요. 나는 다시 태어나는 건가요. 마음은 아직 터널을 빠져나오지 못하고 있는 걸요.

–「마성(麻城)터널」 전문

「마성터널」의 화자인 어느 원혼 또한 언젠가는 평범한 아이였을 것이다. 마성(麻城)에 사는 아이가 마성(魔聲)을 내지르는 사이, 어떤 일이 일어난 것일까. 누구도 원혼들의 소리를 들으려고 하지 않는다. 목소리가 없는 그들은 반복적으로 사건의 지점으로 되돌아와 뭔가를 말하고 싶어 한다. 원한에 갇혀 더 이상 구천을 떠돌지 않도록(저 하늘로 순식간에 사라질 수 있도록) 올가미를 풀어주고 머릿속 하얀 빛줄기가 될 수 있게 마음의 제단을 만들어야 한다. 그러기 위해선 그들의 바람대로 원한의 그 직접적인 원인과 부차적인 이유를 직시해야 한다. 그날, 그곳에서의 억울한 죽음을 바람이 들었고 나뭇잎들이 보았기 때문에 은폐할 수도, 은폐될 수도 없다. 바로 그 일을 각자의 방식으로 그들의 목소리가 되어 발화해야만 한다. 권력의 우상을 무너뜨린 자리에 또 다른 우상을 배치해서는 안 된다. 누가, 누구 위에 서는 것이 아니라 동등한 동료로서의 연대가 이루어져야 한다. 대통령은 권력자가 아니라 선출직 공무원일 뿐이다. 권력은 무력에서 나온다는 발상은 당연히 인류가 폐기해야 할 과제가 아닌가.

4. 바람이 불어가는 곳에서 빗방울들의 깨어나는 소리를 듣다

새들이 날아간 자리에 봄비가 내린다. 2017년 4월 봄비가 내리기까지 삼 년이 걸렸다. 인양된 선체는 흉측하게 썩어가고 있었다. 부패한 치부가 드러나는 것을 두려워했던 권력자들은 선체의 인양을 사활을 걸고 유예했다. 내일, 모레, 일 년, 이 년……. 썩은 부위의 공론화를 미루는 동안 잊힐 줄 알았지만 거꾸로 뒤집어지는 일이 일어났다. 새들과 풀들의 연대를 통해서였다. 바람 앞에 훅 꺼지는 나뭇잎들의 팔랑거림을 통해서였다. 그런 일련의 과정 속에서 어깨를 건 동료들의 발견이 있었다. 세상은 아직 살아볼 만하다는 희망이 생겼다. 그러나 민주주의는 반대편에 있는 자들의 목소리도 들을 줄 알기에 그 세계엔 늘 바람이 분다. 어떤 목소리들도 왁자지껄해야 한다. 왜냐면 빗방울들이 내려앉는 자리는 바람을 따라 자꾸 바뀌기 때문이다. 그런 세상을 우리가 만들 수 있다면 그때야말로 세월호의 희생자들에게 진정한 애도가 완성되는 일이다. 또한 그들의 죽음을 통해 우리 자신의 도덕성이 성숙해지는 계기가 될 수 있다. 생명이 피어나는 자리는 정해진 곳이 없다고 시인은 말한다. 그렇다면 살아 있다는 것은 서로에게 바람으로 불어가는 것, 그곳에서 빗방울들이 막 깨어나는 소리를 듣는다.

빗방울들이 내려앉는 자리가
바람을 따라 자꾸 바뀌어 간다.
연거푸 한 자리에 떨어지는 게
상투라면, 바람이야말로
그것을 벗어나는 지름길이다.
우리가 서로에게
하나뿐인 바람이 되어 불어가면
너와 나는 얼마나 싱싱해질까.
빗방울 처음 듣는 자리
저기쯤,
그때처럼 네가 서 있다.

–「소낙비」 부분

자연에서 배운 호흡법

송태웅의 2016년 신작시 다섯 편을 읽은 후 시의 주인을 만나고 싶어져서 『파랑 또는 파란』(출판b, 2015)의 파란 대문을 열었다. 그의 (시)집 앞면은 파란만장한 삶의 시간으로 회벽을 발랐고 뒷면은 파랑이 숨 쉬는 자연의 자락이 펼쳐져 있다. 그곳에서 그는 시로 밥을 짓고 나물을 무쳐 '파란'의 칼에 찔린 자신과 동거하고 있다. 시집 발문에서 "결혼 후 빚보증으로 파산을 하고 선생을 그만두고 서울로 광주로 학원가로 떠돌았다"라는 짧은 언급! 그러나 이런 일을 겪어본 자는 그 말의 무게를 알고 있다. 운명적인 그날, 그 짧은 결정으로 인해 십 년도 넘게 자주 죽음을 떠올렸던 일. 그 시간을 건너가며 누구는 이자 구덩이에 빨려들거나 어찌저찌 이자 귀신에 잡아 먹히지 않고 목숨을 건지거나 혹은 파산을 했더라도 사회적으로는 반신불수라 투잡, 쓰리잡을 뛰어야만 하는……. 그러는 동안 마음의 병은 곪아서 몸의 이상증세로 나타난다. 그런 의미에서

『파랑 또는 파란』과 함께 여기 놓인 다섯 편의 시는 21세기 자본사회 속에 던져진 주체들이 겪었을 법한 최후통첩의 한계상황에 대한 하나의 시적 버전이 아닐까.

따라서 삶의 폭염을 뚫고 온 그의 시들은 현대사회의 문제점들에 작은 방법론을 제시한다. "사실 그가 처음 도피하듯 지리산에 들어와 피아골에서 한 육 개월 남짓 보낼 때만 해도 그는 만신창이가 된 마음과 몸으로 절망의 나날을 보냈다. 그때 그를 구원한 것은 지리산이었다. 밥 먹고 산에 오르는 것이 그날의 모든 일과였다. 산에 오르지 않으면 온종일 술을 먹으며 하루가 지났으므로 몸이 지칠 때까지 산을 타고 숙소로 돌아와 죽은 듯이 잠을 자는 것만이 하루 삶의 최선이었을 것이다."(박두규, 『파랑 또는 파란』) 인간이 만든 세상 속에서 바로 그 인간들에 의해 상처를 받게 되는 이유는 뭘까. 일차적으로는 스스로의 욕심과 무지에 책임을 돌리더라도 인간 존재가 물질성(육체성)에 기초하므로 인간 공동체는 그 공동체를 존속하는 한에서 물질성과 깊은 관련 하에서 윤리성을 근본 문제이시으로 지각해야 한다. 인간 안의 야수성을 길들이고 타자를 대상이 아니라 자기 삶의 한 부분으로 존중하는 윤리적 인간으로서 '우리'를 세우려는 노력이 자본주의가 극도로 발달한 미래 사회에 작은 희망이 될 것이다.

그런 점에서 그의 모색은 현대의 이성중심주의가 노출한 인간의 비윤리성의 문제점들과 연결되어 있으며 그 해결책으로 자연에서 답을 구하고 있다. 의도하지 않았더라도 그의 시들은 인간 공동체 너머 자연 공동체로의 주제적 확장을 보여준다. 근대 이후 인간은 놀랄 만한 발전을 했다지만 반대급부로 자연은 급속도로 황폐해졌고 그 부메랑을 돌려받고 있다. 유린당하는 자연을 보면 안타까움에 가슴이 저릿하다. 그런데도 자연은 병든 손길을 뻗어 인간의 상처를 치유해준다. 어디서부터 자연과의 끊어진 대화를 시작해야 할까. 시인은 자신의 문제의식을 내상으로 겪어내면서 산을 오르고 또 오른다. 시인이 도망치듯 오른 산에서 만난 것은 무엇이었을까. “이때쯤 무당새 몇 마리 날아오리 능선은 오래도록 사막에서 걸어 온 낙타들처럼 선 채로 깊이 잠들리 저 잎새 하나 숲 속을 비행하기 위해 모든 나뭇잎들이 제 색으로 물들기를 약조한 것이리 붉고 노랗다 라는 말은 다만 사람들의 말일 뿐이리 고요가 모든 색들을 빨아들인 후 다시 훅 불어서 이 골짝의 색들을 이루어 놓은 것이리”(「피아골」 부분) 모든 색 뒤에 숨은 텅 빈 고요를 몸으로 본 날, 무엇으로도 상처받을 수 없는 시간의 지층, 시인은 자연의 심장소리를 들었던 것일까. 그 후 산을 오르내리면서 만났을 고요에 위로받으며 잊고 있었던 자연인으로의 감각이, 감성이, 언어가 깨어났던 것은 아닐까.

1. 시 한 줄을 찾기 위해 하산하다

상처 입은 자는 세상 끝에서 웅크린 채 살아간다. 아무것도 듣고 싶지 않고 보고 싶지 않은 그곳에 시간이 고이고 문득 둘러보니 자연의 소리들은 계절을 알려준다. 산이 자연의 허파라는데 동의한다면 그의 시에 대한 이런 이해가 가능하다. 산속에는 억만년 전 흙과 수십 년 꿈만 꾸고 있는 씨앗이 함께 숨 쉰다. 산의 품이라면 더구나 지리산의 품이라면 지친 인간 하나쯤이랴. 그는 술에 빠져 버리게 되는 자신을 뒤로 하고 산을 올랐을 것이다. 사람의 발걸음에 닳지 않은 깊은 안쪽으로 들수록 그의 품이 커지고 깊어졌을 것이다. 고요가 밀림을 이룬 그곳에서 그는 아무 생각 없이 그냥 바라보지 않았을까. 무엇을? 몸은 한 걸음도 내디딜 수 없을 만큼 지쳤는데 이상하게도 정신은 거울처럼 밝아지고……. 이름도 모르는 덩굴과 풀꽃들과 이끼가 어우러져 마치 산의 심장에 닿은 듯 숨 쉬는 수풀 속에서 한 발 한 발 내디디며 몇 번이나 멈춰 서서 왔던 길을 뒤돌아보았을 것이다.

> 혹시 남았을지 모를 시 한 줄 찾기 위해
> 산에서 내려와 묵정밭을 엎었다
> 살갗에 얼룩진 소금기는
> 이승을 스쳐간 마지막 흔적일는지
> 여울목 건너 산에 들어간 사람들도
> 배앓이처럼 스며오는 두려움
> 채 떨치진 못했으리
> 새로움이란 두려움이기도 하므로
> 두려움이란 새로움을 좀먹기도 하므로
> 동공은 더 확장되고
> 심장은 더 격한 신호를 보내야 했으리
> 산에서 내려와 절망 같은 땅을 팠다
>
> ―「하산」 부분

산은 자연의 심장이며 허파꽈리다. 공기가 희박한 거기 첫떨림인 고요가 있다. 그 속에서 인간이 머물 수 있는 시간은 짧다. 모든 색(물질)을 빨아들였다가 다시 뱉어내는 고요의 날숨, 들숨은 선한 것도 아니고 악한 것도 아니다. 즉 인간의 이성 너머에 있다. 그래서 자연의 색은 개별화될 수 있지만 고요의 색은 인식할 수 있는 차원 너머에 있다. 시간의 흐름 속에서 쉬지 않고 변해가는(낡아가는) 인간! 그 속에서 유한하지만 무한하기도 한 존재와 존재자의 속성을 깨달았을 때 그 또한 이율배반적인 개별자로의 존재성을, 자기 자신의 삶을 말하고 싶지 않았을까. 그래서 그의 시에는 한 인간으로서의 드라마가 있고 그 드라마는 자연이라는 무대에서 펼쳐진다. 자연에서 만난 대상들이 촘촘하게 박음질되어 있다. 그러기에 그에게 시는 '산'과 '묵정밭'의 경계에 있는 '여울목'이 아닐까. 산이란 태고성이 머무는 공간이며 그러기에 그곳으로 떠나는 자들은 두려움을 떨칠 수 없다. 새로움이란 늘 두려움을 동반하며 인간이기에 그 두려움에서 벗어나기가 쉽지 않다. 산에서 내려와 절망 같은 땅을 일구는 그를 바라보는 것은 옥수수들이다. 봄날의 화창함에서 여름의 폭염까지 단 한 번도 허리 굽히지 않고 자란 덕성을 지녔기에 묵정밭의 그를 준엄하게 심판할 수 있다. 세상이라는 밭고랑을 가는 한 사내를 옥수수들이 피 냄새를 맡고 광분한 한 마리 짐승으로 비춰내고 있다.

2. 박새의 울음으로 물음표를 그려보다

산의 고요를 몸으로 겪어낸 그에게 어떤 저녁은 낯설기만 하다. 바람이 감나무 잎새들을 뒤흔드는 소리가 빗소리로 들리는 저녁, 콘크리트 바닥으로 익지 않은 감들이 떨어져 내리고 시인은 그 광경을 귀를 열어 보고 눈을 감고 들으면서 자신의 심장 판막이 두드려지듯 아프기만 하다. 오동나무 검초록 깃털에 와 쉬던 박새들은 어디서 저녁을 날까를 걱정하면서 멀리 날아오르지 못한다. 그들이 그린 작은 물음표를 자신의 존재 이유로 되돌려본다. 어느 땅 위에 살아있음의 기둥을 세워볼 것인가. 그 무대는 소소한 일상으로부터 출발하여 숨 쉬는 자연 속에서 스러지고 다시 일어나는 사건들이어야 한다. 가을은 풀벌레들의 물음표로 익어 가는데 뒤돌아보면 사람들은 욕망의 확성기를 틀어놓고 타격점을 향해 정조준하는 것을 멈추지 않는다.

가을저녁
박새들은 어디서 잠들까
오동나무의 검초록
깃털에 와 쉬던 것들은

그들이 그리는 물음표는
어느 땅 위에 기둥을 세울까

풀벌레 울음으로 깊이 익는
이 저녁에도 타격점을 향하여
도처에 정조준되는 확성기들

일제히 울 준비하며

거대하게 발기된 사이렌들

–「낯선 저녁」 부분

작은 박새의 울음에 귀를 기울이는 시인은 박새가 날아간 하늘을 생각한다. 그들에게 배워야 할 삶의 길이 남아 있지 않은가. 어느새 인생의 계절은 가을로 접어들었기 때문이다. 이제 다시 돌아갈 길이 없다. 젊을 때의 실수는 용서할 수 있었다. 다시 시작할 시간이 있었으니까. 그러나 계절의 끝에서 풀벌레 소리가 달팽이관 깊이 와 닿는 이유는 인생 수업의 뼈아픈 수업료 때문이다. 그러기에 여름의 날들에 대한 반성은 현재형이며 지금 이 자리는 선택의 출발점에 있다. 그런 날들을 겪지 않았다면 어떻게 자연이 가진 품과 시야를 얻을 수 있었겠는가. 그의 시들은 몸으로 겪어낸 만큼 풀벌레가 울어대듯 소소하고 긴 여운을 만든다. 그가 가을의 끝자락에서 되짚어보는 여름은 어떠했기에 이토록 자연의 한 땀과 인간 삶의 한 땀을 엮어 시의 옷감을 짤 수 있었는지 궁금해진다.

3. 여름이 지난 후 눈물의 의미를 알다

시인은 "막걸리 주전자 앞에서 쉰내 풍기며 말하는 사람"과 마주 앉아 있다. 가루담배를 말아 피우는 그의 모습이 지나간 자신의 모습과 오버랩된 건 아닐까. 시의 화자와 시적 자아의 거리가 내밀하게 이어지고 있다. 사내의 넋두리에 고개를 들면 폭염에 일찍 이파리를 떨군 벚나무 한 그루의 이미지가 떠오르고 사내를 통해 비춰진 자신의 모습 또한 오래 걸어와 지쳐 담배 한 개비를 말아 피우고 있다. 지난여름은 유난히 더웠다. 정신이 몸 밖으로 유리된 것처럼 아무 생각 없이 폭염의 날을 견뎌야만 했다. 그렇게 하루가 한 계절인 생도 있으니까. 아직 여름인데도 이파리를 다 벗어버린 벚나무는 너무 일찍 가벼워졌고 막걸리를 앞에 둔 화자의 넋두리는 신음소리였을까. 마침내 모든 것을 받아들이겠다는 긍정의 웃음이었을까.

> 차라리 가벼워지니 비로소 생이 아늑해졌다고
>
> 막걸리 주전자 앞에서 쉰내 풍기며 말하는 사람
>
> 아내도 아이도 제 갈 길로 다 떠나버리고
>
> 폭염이 일찍 이파리 떨구는 벚나무 한 그루 되어
>
> 오래 걸어와 지친 채 가루담배 한 개비 말아 피우네
>
> —「여름의 나날」 부분

가루담배 한 개비 말아 피울망정 그의 시에는 초월적인 흔적이 보이지 않는다. 그보다는 자연의 일부로 자신의 삶을 돌림으로써 자연 속에서 유기적으로 이어진 관계의 시간을 만들어낸다. 그때 그는 수동적인 시간을 사는 자가 아니라 생산하는 삶의 위치에 있

게 된다. 그러기에 산과 묵정밭 사이를 흐르는 여울목의 물은 아직 맑기만 하다. 그가 시를 통해 생각하는 것은 언젠가 자연이 고요 속으로 그를 초대했던 것처럼 자신의 삶에서도 고요라는 중심점을 찾아가는 것이 아닐까. 찌그러지고 찢어지고 타버린 날들일망정 훅 빨아들였다가 다시 뱉어낼 때는 이미 울긋불긋 고운 색이 눈부시다. 그런 자연의 호흡법을 지켜본 시인은 '삶은 가벼워졌고 그 가벼움으로 아늑하기까지 하다'고 말할 수 있지 않을까.

안개는 소리가 없었고 저녁은 고요할 줄 알았다

고요를 뚫고 구급차가 달려와 시신 한 구를 실어갔다

아내와 심하게 다투는 소리를 들었다는 얘기를 들었다

어느날 소쩍새의 울음은 이승과 저승의 사이였다

산딸나무가 낙하산병의 낙하산처럼 꽃을 피우던 날

피어난 흰 꽃이 누군가의 눈물이라는 걸 알았다

—「소쩍새」 부분

「여름의 나날」과 「소쩍새」의 화자는 동일한 궤도를 돌며 노래를 부른다. 시적 화자는 시적 자아 속으로 점점 스며들고 번져난다.

'소쩍새 우는 쪽을 향해 저녁내 물소리가 흘러가면' 화자는 자신의 나이테에 감긴 시간의 매듭을 만져본다. 어떤 매듭에 손이 닿으면 아직 상처가 아물지 않았다는 것을 알게 된다. 소쩍새가 우는 쪽을 향해 그렇게 많은 물소리가 흘러갔는데도 상처는 어제 일처럼 그를 여름의 한가운데로 불러 세운다. '고요를 뚫고 구급차가 달려와 시신 한 구를 실어 가고 아내와 심하게 다투는 소리를 들었다'는 정황으로 보아 시 속의 그와 그녀는 몹시 싸우다가 누군가가 창문으로 뛰어내렸던 걸까. 이승과 저승으로 갈라진 길 위에서 소쩍새는 울어대고 문득 산딸나무가 낙하산병의 낙하산처럼 하얗게 펼쳐지는 것을 본다. 그것이 아무 의미도 없이 피어난 꽃이 아니라 사랑했던 사람과의 오해와 미움과 별리로 이어진 뿌리(눈물)라는 것을 이제는 이해한다.

4. 초상집에서 잔 날, 새의 죽음을 생각하다

초상집에서 눈뜬 아침 시인은 "이슬 덮고 누운 새의 주검"을 만난다. 죽음 이후를 발할 수는 없다 해도 풀섶에 누운 새의 주검을 보게 된 사건은 인간으로서 마지막 자세가 어떠해야 한다는 것을 생각하게 한다. 땅 위에서 살아가는 사람들이 일생을 살면서 고개 들어 하늘을 바라본다면 새들은 그 사는 날 동안 하늘을 집으로 살아간다. 그러나 새는 자신의 주검을 땅 위 풀섶에 눕히고 이슬을 덮는다. 그토록 하늘을 날았지만 어미 품에 깃들어 날갯짓을 배우던 그 땅, 그 나무 위를 잊은 적이 없다. 그런 자연의 이치를 만개한 벚꽃에서도 찾을 수 있다. 벚꽃은 그 짧은 며칠 연분홍 나비로 나풀거린다. 수천, 수만 마리 향그러운 나비가 나무를 공중에 들어 올리기까지 한다. 그러나 그 날갯짓의 끝자락은 하늘 위로 날아오르기보다 꽃잎에게 젖을 대준 벚나무의 뿌리를 덮는 것으로 끝난다.

심해에 가라앉은 사람들도 문득 눈 떠
칠흑 어둠 속에서 자신의 신발 찾을 텐데

풀섶에 누운 새처럼 누울 수 있을까
우리, 일찍 일 나가는 농부의 눈에 띌 수 있을까

다 보았으면서 아무도 보지 않은 체하는
이 세상으로부터 멀리 떠나

너무 많이 울어버린 어미의 눈물 닦아주러
포르릉 날아 이 땅 위로 돌아올 수 있을까

—「초상집에서 잔 날」 부분

그의 죽음에 대한 생각은 죽음을 앞당겨서 삶 속에 세워두려는 것이 아니다. 자연에서 배운 삶의 방식은 살아있음만으로도 기쁨으로 넘쳐야 하기 때문이다. 인간 또한 자연의 일부이며 자연의 적자로서 뭇생명체와 공통분모를 가졌기에 죽음에 대한 생각은 삶을 더 온전하게 살기 위해서일 뿐이다. 따라서 초상집에서 우연히 본

새의 죽음은 자연스레 자신의 죽음에 대한 자세를 일깨운다. 땅에서 겪어낸 그 많은 일들은 하늘을 날았던 새의 날갯짓들과 다르지 않을 것이다. 시인은 이제 풀섶에 누운 새처럼 어미의 냄새를 찾아 그리운 그곳으로 돌아갈 생각을 하고 있다. "다 보았으면서도 아무도 보지 않은 체하는 이 세상으로부터 멀리 떠나" 저 넓은 하늘의 품으로 날아갈지언정 "너무 많이 울어버린 어미의 눈물 닦아주러 포르릉 날아 이 땅 위로 돌아올 수" 있는 인연의 줄이 남아 있다. 시인은 생명의 젖을 물린 어미의 삶을 위로하는 것이 지상에 남은 마지막 숙제라고 생각하는 걸까. 그리고는 자연의 너른 품에서 더 크게 날아오르는 것, 삶도 죽음도 자연에서라면 자유로울 것이기 때문이다.

나를 뛰어넘는 방법

2016년 여름 태양이 팔월의 허리를 휘감은 날, 등에 맨 정지우 시인의 다섯 편의 시의 짐은 사뭇 무거웠다. 방콕에 이르러 얼음수건을 머리에 얹고 읽고 또 읽어봤지만 수건은 쉽게 멀렁해진다. 후후, 빵빵 돌아가는 태양만 탓하지 말고……. 접속을 하자. 내 몸(기계)을 최대치의 전압으로 높여 다섯 편의 시에 잭을 연결시키자. (무당이 작두에 올라가는 것까지는 아니어도 어디선가 막, 힘이 솟아나는데……. 힘! 얘도 참, 어디에서 오는 건지 알 수 없기는 마찬가지!) 일단 그녀의 시 읽기 문법은 선형적인 논리를 따르지 않는다. (그렇다면 비선형적이라는 말인데, 대충 빠져나가려 하지 말고 한눈에 파악할 수 있는 그림을 그려줘요.) 시인 자신을 시적 자아에 녹여낸 시들은 각각의 온도차를 느끼면서 단일주체의 수직적 깊이를 따라가며 읽어갈 수 있다. (그렇다고 그녀의 시가 겉돈다는 의미는 아니다. 직립연결, 병립연결처럼 시를 만들어내는 방법론이 다를 뿐!) 자, 그녀의 시

(건물)에 엘리베이터가 있다고 하자. 엘리베이터는 접속의 장이다. 원하는 층의 버튼을 눌러 문이 열리면 시인의 내부면을 만날 수 있는 것은 물론 그 안으로 걸어 들어가 시인 자신이 된 것 같은 일체감을 느끼기도 한다.

그녀의 시들은 설계자의 도면에 따라 배치된 방사선 구도를 보인다. 그녀에게서 태어났지만 자족성을 갖춘 개별 시들의 욕망은 그 강도와 탈주 속도가 다르다. 따라서 개체적, 인칭적 주체에서 출발했지만 시들은 외부적으로 혹은 내부적으로 밀고 당기는 힘에 의해 탈주체화의 도정에 있다. 결과적으로 바다에 떠 있는 섬들이랄까. 목적지가 불분명한 채 항해하는 배들이랄까. 그녀의 섬(배)들은 각각 다른 이야기를 풀어내면서(사건에 감응하면서) 어딘가를 향해 움직이는 기계들이다. 그녀의 시를 읽을 때 질 들뢰즈의 개념들에 기대어보면서 그녀와 독자 사이 흩어진 언어 퍼즐을 조금씩 맞춰볼 수 있지 않을까. 들뢰즈적 사유에 의하면 '기계'는 '메카닉'과 구분되며 넓은 의미의 '물체'를 의미한다. 들뢰즈의 기계는 유기체적 의미에 가깝지만 배치될 수 있는 대상 전부를 포함한다. 각각의 방향에서 서로 다른 것들과 접속하면서 새로운 배치를 만들어가는 에너지(氣)의 운동이랄까.

우선 2016년 발표된 다섯 편의 시에서 공통적으로 감지할 수 있는 것들을 통해 그녀 시 읽기의 문법을 세워볼 수가 있지 않을까. 첫째, 그녀가 바라보는 세계가 구분(층화)되어 있다는 점이다. 구분된 층들은 서로에게 열려 있으며 불안정적이며 첩화하려는 욕망을 갖는다. 따라서 그녀는 시 밖에서 자신이 쓴 시들을 배치하는 주체로 작동한다. 즉, 두 번째 특징인 탈주체성이다. 세 번째로 그녀의 시가 운동성을 갖고 있다는 점에서 개체들은 끝을 알 수 없는 카오스에 던져진 누수하는 기표들이다. 이런 탈층화와 탈영토화, 탈주체화, 탈기관화를 통해 힘이 발현되는데, 바로 이 힘, 욕망이 그녀를 시를 쓰게 하며 이곳, 이 시간에 강도를 불어넣는 모터로 작동한다. 네 번째 특징인 층화된 개체들은 그 운동성으로 인해서 끊임없이 관계(감응)한다는 점이다. 이 글 마지막에 배치된 시, 「사소한 매뉴얼」에선 지금까지 그녀 시들이 어떤 방식으로 운동하는지에 관한 동력 방식을 확인할 수 있다. 그러니까 각 시들은 바다 위에 떠 있는 섬(배)이지만 방향성을 갖고 움직이며 서로 밀고 당기는 힘에 의해 새로운 접속이 일어난다. 그럼 먼저 '초콜릿계급'이란 매뉴얼이 적힌 버튼을 눌러 더 깊이 그녀의 섬으로 들어가 보자.

1. 당신도 초콜릿을 좋아하세요?

「초콜릿 계급」의 나라엔 세 계층이 살고 있다. 그곳을 상상해보면 피라미드 구조일 것이다. 꼭대기 층엔 '초콜릿' 맛을 유일하게 알고 있는 사람이 살고 있고 가운데 층엔 맛을 알고 있지만 맛볼 수 없는 사람, 바닥층엔 맛을 전혀 모르는 사람들로 층화되어 있다. 도대체 그 맛은 어떤 맛일까? '지붕에서 흘러내린'과 '하늘까지 자라난 머리'로 그 맛이 말할 수 없는 저 너머에서 왔다는 것을 짐작할 수 있다. 꼭대기 층의 사람은 그 맛을 알았기에 유일한 사람이 되었으며 그가 겪은 '녹아내리지 않는 사건' 이후 '죽을 수도 살 수도 없어졌기에' 그 맛을 찾아 '하늘까지 자란 머리를 열' 수밖에 없다. 머릿속에서 수천 가지 혀가 쏟아져 나올 것 같은 그 맛은 추측건대 '자유'라는 단어에 간신히 포섭된다. 자유란 인간 신체의 감각세포가 살아나는 것을 포함하여 개별자가 처해 있는 억압상태를 벗어남을 말한다. 그래서 초콜릿을 다시 맛보기 위해 '밤이면 심연의 비밀 속으로 곤두박질치는' 그 사람은 화산이 폭발할 것처럼 끓어오른다.

계층마다 맛을 향한 갈망을 섭씨 100도의 수치로 구분해본다면 유일하게 맛을 알고 있는 사람은 98도쯤? 맛을 알고 있지만 맛볼 수 없는 사람은 45도, 맛을 전혀 모르는 사람은 2도 정도로 유추할 수 있지 않을까. 98도인 사람은 열망으로 미칠 듯하다. 45도인 사람은 식어버린 자유에의 의지(열정) 때문에 그 아들(생명)은 땅의 노랫가락을 좇아갔다. 맛을 전혀 모르는 사람의 아이들 또한 강도가 제로 포인트인 알(卵)을 주워 먹으면서 왜, 태어났는지조차 잊어버렸다. 왜냐면 그 맛은 하늘에서 오기 때문이다. 강도 100도인 노래는 인간의 감각세포로는 들을 수 없기에 각 층위를 구성하는 사람들은 모두 열망과 불안, 무지의 상황 속에 던져져 있다. 그래서 잃어버린 맛을 찾기 위한 운명적 상황에 처한다. 맛을 알고 있는 이조차 깨어난 수천 가지 혀를 잠재우느라 부글거리고 있으며 맛을 알고 있지만 맛볼 수 없는 사람은 굳어버린 몸 안쪽에서 흐르는 눈물의 의미를 끝내 외면할 수가 없다. 또한 맛을 전혀 모르는 사람은 반사된 거울의 삶을 살아갈 뿐이다.

자유는 찾아서 데려올 수 있다고 믿었다. 조각상에는 조상의 민요가 흘러넘친 그대로 굳었다. 혁명은 실패했고 땅에 묻은 아들은 기이하고 감미로운 노랫가락을 따라갔다. 서로 꽃잎을 따서 입안에 넣어주는데 귀에서 돋아난 혀가 눈물을 속삭였다. 흙을 파먹는 조각상들, 민요의 노랫말은 자유.

–「초콜릿 계급」 부분

다섯 편의 시들은 잠재적으로 낙원에서 추방되었거나 낙원을 망각한 자들의 이야기란 점에서 신화적 모티브에 닿아 있다. 호메로스의 『오디세이아』에서 트로이 전쟁에서 승리한 오디세우스가 아내가 기다리는 집을 향해 항해하는 도중 바다의 요정 사이렌의 섬을 지나게 된다. 그 노래를 들은 자는 모두 죽음에 이르는 마성을 갖고 있다. 오디세우스는 몸을 배의 기둥에 묶고 선원들의 귀를 밀랍으로 막은 후 멈추지 말고 노를 저으라고 명한다. 그는 사이렌의 노래를 들었지만 몸을 단단히 묶었기에 죽음에서 벗어날 수 있었다. 사이렌이 오디세이를 유혹하는 대목이다. "자, 이리 와요, 온 세상이 칭찬하고, 아르고스의 자랑인 오디세우스여! 그대의 배를 이 암초를 향해 저어와요. 이곳을 지나기 전에 그대는 먼저 우리의 목소리를 들어야 해요. 그 누구도 우리의 입에서 나오는 꿀처럼 달콤한 목소리를 듣지 않은 채 검은 배를 저어서 이곳을 지나간 적은 없었어요. 그들은 모두가 우리의 노래를 듣고 더 깊은 앎으로 행복해져서 고향으로 돌아갔어요. 우리는 그대의 모든 것을, 저 넓은 트로이에서 트로이인들과 아르고스인들이 신의 뜻에 따라 겪어야만 했던 모든 일들을 알고 있답니다. 이 대지 위에서 일어나는 모든 일들을 다 알고 있답니다." '모든 것을 안다는 것'엔 삶도 그리고 죽음도 하나로 녹아있겠기에 그 전압의 세기로 인해 결국 죽음을 맞을 수밖에 없지 않겠는가.

2. 누가 책을 찢었을까?

들뢰즈에 의하면 '나'는 끊임없이 '되기'를 통하여 언표화되는 가능태이다. 따라서 '나'라는 비확정성의 주체가 만든 '책' 또한 탈주하고 탈영토화한다. 그래서 인간이 만든 책(기계)은 본래부터 찢겨져 있는 것이 아닐까. 그런 의미에서 찢겨나간 페이지엔 알지 못하는(알려질 수 없는) '기밀문서'가 적혀 있다. 「찢어진 책」에 의하면 단지 사람에 대해, 책에 대해 알고 있는 것은 '찢어진 책은 책장 사이에 칼을 숨기고 있다'는 사실과 숨겨진 비밀을 알아내기 위해 '칼날 위를 걸어야 하는' 운명이란 것. 사이렌의 노래를 들은 오디세우스 역시 그렇게 살아가지 않았을까. 자연의 비밀을 알아버린 자는 현실에선 두 발을 다 들여놓지 못한 채 '주위처럼 서성여야 한다' 초콜릿 계급에서 유일하게 맛을 알고 있는 그 외로운 사람처럼 말이다. 그는 시간의 무딘 칼날에 베이면서 맛을 알고 있지만 맛볼 수 없는 사람이 되어갈지도 모른다. 아니면 그 맛을 다시 맛보기 위해 칼날에 몸을 베어버리든지. 생명의 중심핵이 빠져나간 것 같은 삶의 밋밋함, 번들거림, 미끄러짐이 그를 감금하고 있을 테니까.

책을 펼치자 아침이 찾아왔지만

배는 태양의 한가운데로 침몰했다.

어떤 때는 톱날이 쓱싹쓱싹 소리를 내기도 했다.

누군가는 아이들의 울음소리라고 말했다.
아니, 자장가처럼 들렸다.
밑줄을 치다만 이름을 불렀다.
이름은 너무나 희고 얇아서 손가락을 베었다.
오목 거울이나 머리핀 같은 것들이
미궁 속에서 떠올랐지만 얼굴마다
바람을 뒤집어쓰고 있었다.
하늘이 책 속으로 접혀지고
정오마다 찢어진 자국이 생겼다.

—「찢어진 책」 부분

책 또한 인간 정신의 일정부분을 영토화했기에 그 책은 찢어져 있는 것이며 책을 찢은 주체는 인간의 이성 영역을 넘어선 자연(주체)이라고도 할 수 있다. 그래서 그녀의 책은 '하늘이 책 속으로 접혀지고 태양이 하늘의 꼭대기에 이르는 정오마다 찢어진 자국'을 만들어낸다. 「찢어진 책」은 '초콜릿 계급'의 사람들이 살아가는 세상을 다른 각도에서 그려낸 조감도에 해당한다. 초콜릿 계급의 중간층과 그 아래층에 사는 사람들을 줌렌즈로 들여다보면 그곳 사람들의 감각은 더 이상 자연에 대해 선명하게 기능하지 못한다. 자연과의 수신안테나이자 발신안테나인 감각렌즈는 반투명하거나 불투명하기까지 하다. 그런 어긋남을 바로 잡기 위해 그곳 사람들은 더러 칼날 위에 서기도 한다. 그녀의 시에 작동하는 자연은 사람이 가늠할 수 있는 그 너머 비인격적 주체이며 열린 차원임을 보여준다.

3. 죽어도 좋을 저녁 가까이 헤엄치다

물에도 등이 있다. 물의 등을 볼 수 있는 물고기란 어떤 물고기일까. 물의 뒷모습을 볼 수 있는 자, 그는 반인반어(半人半漁)의 형상이지 않을까. 자연(시원)의 리듬 속에 살아간다는 것은 반은 사람이고 반은 물고기인 사이렌의 형상이여야 하지 않을까. 그가 자연과 인간의 언어를 섞어 부르는 노래는 삶과 죽음의 두 숨으로 만들어진 노래일 것이다. 그 노래를 들은 오디세우스는 과연 행복하기만 했을까. 시원의 자유에 닿았지만 그로 인해 고독의 한가운데로 물갈퀴를 저어간 게 아닐까. 고독의 한가운데, 그곳은 인간에겐 검은 입을 벌린 물의 중심이다. 초콜릿 계급의 녹아내리지 않는 사건을 건너온 그 사람은 더 이상 인간으로는 살 수 없을 것이다. 그러기 때문에 탈신체화를 통해 더 자유로운 차원으로 '되기'의 유동을 시작한다. 두 숨의 리듬으로 부른다는 '스완송,' 그것은 한 번도 들어본 적 없고, 지금까지 불러보지도 못한 수심의 노랫발이며 바로 그곳에서부터 생명이 회오리치는 파상무늬가 새겨져 있다.

> 두 숨의 리듬으로 부른다는 스완송, 노래에는 두 개의 물갈퀴가 있다. 물고기들은 구름에 투영된 마지막 음이라고 물의 층을 몸에 새긴다. 울지 않고 어떻게 노래를 부를 수 있는 죽음이 있을까.

> 그건 한 번도 들어본 적 없고, 지금까지 불러보지도 못한 수심의 노랫말,

자신이 흘린 눈물이 젖지 않고는 고백할 수 없는 고독의 숨결

바람이 낮은 층에서 백조들은 묻는다. 하얗게 휘어진 음계들이 모여 강은 흐르지만 고요한 물의 층을 옮기는 물갈퀴는 긴 등의 적막에 닿는다.

–「swan' song」 부분

오랜 시간이 흐르는 동안 자연나무는 분화를 계속했기에 어긋난 층을 꿰어 맞춰 출발지점으로 돌아간다는 것은 불가능하다. 그사이 너무나 큰 간격의 층들이 가로놓여 있다. 진화를 거듭했다지만 현대에 이른 인간이 완벽하게 진화의 나무 맨 끝에 이른 것도 아니다. 인간은 끝내 자연을 질료로 하는 생명체기에 끊임없이 특이점에 대한 갈망과 거부를 동시에 안은 채 살아가야 한다. 여기 다섯 편 시들은 언어기표들을 재배치하면서 우주의 패턴(질서)을 그려보려는 그녀(언어건축사)의 열망으로 읽혀져야 한다. 수심의 노랫말은 '아무도 듣지도 보지도 못한 악보에서 흘러나왔기에' 이미 망각해버린 노래의 리듬과 멜로디를 더듬어보면서 언어건축사는 시라는 타임머신을 만드는 것이 아닐까. 그녀에게 수심에 가장 가까이 다가가서 그 깊이를 들여다볼 수 있는 시간은 시를 만들어내는 시간, 시인은 이제 죽어도 좋을 것 같은 저녁에 닿았음을 느낀다. 그 순간 그녀 안의 한 마리의 백조는 죽음을 맞았을 것이다.

4. 자연이라는 커다란 공장

하나의 뿌리에서 뻗어 나온 잎새들은 마치도 핑킹가위로 공장에

서 찍어낸 것처럼 도안이 같다. 뾰족뾰족 물결 모양의 잎들엔 뿌리 너머 공기층의 파동이 압축되어 있다. 그 무늬엔 바람 불고 빗줄기 쏟아지고 햇살이 넘실댄 시간이 나이테로 감겨 있다. 잎과 줄기, 꽃, 열매로 배치된 코드는 그것을 있게 한 더 근원적인 자연의 질서를 내포하고 있다. 자연의 원리는 밀고 당기는 두 개의 플러스-마이너스 작용에 의해 힘을 발생시킨다. 끝내려는(해체하려는) 힘과 솟아나려는(생성하려는) 힘, 나뭇잎들처럼 시들이 만들어지는 원리도 그러하지 않을까. 자연의 큰 그림에 대입해보면 개별자인 인간이란 분화된 자연나무의 꽃순 혹은 가지 끝 애벌레라고 할 수 있다. 그녀의 시에서 '포플러 잎에 닿고 싶은 성충의 입술'처럼 그 입술이 부르는 노래는 세상이라는 나무의 잎들과 그 너머의 파동이 만든 자연의 리듬과 멜로디의 일부분일 것이다.

아무리 봐도 포플러나무 속에는 가위공장이 있는 것 같아요. 물결 모양의 나뭇잎들을 보면 반으로 접힌 채 잘려진 흔적을 지나 공기가 흘러가죠 공중의 도안에 맞춰 오렸다는 가보수 실과 붉은 나뭇잎에서 초록이 잘려져 나온다는 기원설이 바닥을 나뒹굴 때도 있었죠

나뭇가지는 펴지기만 하고 한 번도 접힌 적이 없는 중간지점의 무뎌진 날(刀)을 갖고 있지만 바람은 싹둑싹둑 그늘로 저물어가기도 해요 가윗날에서 나오는 잎엔 올이 풀리지 않는 매듭진 원리가 뾰족하죠 잎 속의 잎, 날카로운 날을 스쳐간 무늬들이 서로 입고 벗을 때가 있죠

-「핑킹가위」 부분

「핑킹가위」에서 가위공장이란 나뭇잎들을 같은 패턴으로 찍어낸 자연의 손길을 말하며 그 패턴은 바람의 입술, 햇살의 손길, 빗방울의 향기 등등이 재배치된 결과일 것이다. 그래서 자연은 먼 거리를 두고도 만국공용어로 이어져 있으며 밀도와 색깔을 달리하면서도 일정한 부분을 개체들 사이에 공유한다. 강도와 특이점들에 의해 질료는 각각 다른 공장에서 공원들에 의해 새로운 무엇을 만들어낸다. 이것과 접속하고 저것과 다시 섞여질 때 각각 다른 전압으로 전이되기도 한다. 그러므로 우리가 인지하고 있는 자연에서 인간이란 하나의 특이점이라고 할 수 있다. 인간을 둘러싼 거대한 자연은 붉은 싹이 새로운 껍질을 한 꺼풀씩 벗고 있는 생명공장이며 아직 나뭇잎으로 발화되지 않은 잠재성의 시간이다. 그 강도가 몇 겹으로 감기는가에 따라 다른 이름의 개체들이 되어 솟아 나올 것이다. 그래서 속으로 자라는 굴절의 오랜 시간을 돌아 나오기도 하는 것이다. '나무의 몸통을 두드려본다. 흔들림이 많았던 외출'이 나무의 뿌리 속으로 염색체가 꽈리를 튼 것처럼 휘감겨 있다.

5. 뛰어넘기

「사소한 매뉴얼」에선 지금까지 방문한 다섯 시(층)들의 매뉴얼을 재확인해볼 수 있다. 그녀의 시는 사람들의 이야기를 구체적으로 풀어가기보다 힘의 강도를 통해 변환하는 '되기'의 운동을 보여준다. '전력으로 걷는 짐승에서 뛰는 동력으로 어느 쪽에서 급히 도망쳐 온' 그는 개체 이전에 에너지 덩어리인 것이며 모든 발자국이 지향하는 하울링(전기 용어로 어떤 장치의 출력이 입력장치로 들어가서 증폭되어 최대 출력되는 일이 반복되는 현상)임 말하고 있다. 가펫(기계)이란 카펫을 찍어내는 기계적인 사람이면서 그들에 의해 만들어진 영토를 의미하기도 한다. 태생적으로 두 숨을 쉬는 그들은 인공도시 건너편인 '초원'을 지향한다. 그러나 초원 또한 오래전 인간이 지나온 곳이기에 '너무 지루해서 하품이 나올 뿐'이다. 그렇다면 인간화된 인간은 어떤 방향으로 나아가야 할까. 또한 이 시점에서 무엇을 해야 할까. 그녀가 시를 통해 묻고 있는 질문이다. 또한 친절한 그녀의 대답도 시 속에서 들을 수 있다. '지금까지 걸어온 발자국을 모아 나무에 걸어두고 나를 계속 뛰어넘기' 인간은 자연이라는 물감으로 그림을 그리는 화가(건축가)이다. 물감들이 뒤섞여져 형상도 구별할 수 없이 거무튀튀한 얼룩으로 끝나기 전 화폭 속에서 솟아오르기, 나를 뛰어넘기란 자연의 화폭에 자기만의 색깔과 형상을 그려 넣는 작업이 아닐까.

카펫 기계가 찍어내는 분량은 하루의 담을 넘어 초원으로 달려가지. 무늬는 그늘의 발자국 놀놀말린 태양을 펼치면 풀들이 1미터씩 자라는 곳 말이야. 맹수가 뒤쫓고 사슴의 뿔이 나뭇가지에 걸리듯이 기계에도 오류가 생기는 건 카펫의 끝을 끝없이 펼치고 있기 때문이야. 적이 누군지도 모르는 채 반복적으로 발자국을 찍어내고 있을 뿐이지.

마치 변명을 하면서 자신의 상황을 빠져나가려 하지. 발자국이 끊긴 곳에 물웅덩이가 있고 그곳에서 발자국을 흙탕물속에 숨기지.

불은 물웅덩이에 빠지지 않는다는 것. 초원은 사소한 일상이 자라고 카펫 위로 솟아오르는 발자국은 누구의 것이지?

—「사소한 매뉴얼」 부분

골목을 잃어버린 사람들

여기 놓여 있는 임경묵 시인의 2016년 다섯 편의 시는 각각 서로 맞춰지지 않는 조각들일 뿐일까. 그 시들이 한 사람이 걸어온 시간 마디에서의 사진들이라면 명도와 채도가 조금씩 다르긴 해도 마침내 그 형태가 어렴풋한 하나의 큰 그림이 될 수 있겠다. 읽기의 방식은 읽는 주체에 따라 달라질 것이기에 정답이란 있을 수 없다. 어쩌면 시인의 바램처럼 밥상 위에 놓인 시의 야늘한 살을 맛있게 먹으면 될 것이다. 다섯 편 시들은 시간의 배후를 가지면서 시인 자신이 주인공으로 등장하거나 시적 화자의 목소리를 빌려 시언어의 퍼즐을 구축해낸다. 시들을 주제가 있는 하나의 이야기로 꿰어보기 위해 각 시들에 '골목'이라는 상징어를 세워보는 것은 어떨까. 골목이란 객관적인 대상이면서도 관계망으로의 의미를 가진다. 골목은 그 속에 사람이라는 주체가 존재함으로써 비로소 골목의 자족성을 이루어내기 때문이다.

이제 어른이 된 시적 주체는 그 자신이 살았던 골목을 어느 날 찾아간다. 그곳은 구체적으로 눈앞에 있지만 시인의 기억공간에도 있으며 현재성 안에서 서로 섞여진다(「골목의 감정」). 아이를 따라 골목이 끝나는 산기슭 집까지 올라가 보자. 붉은 글씨가 또박또박 적힌 대문을 열면 한창 굿이 벌어지고 있는 마당에 서게 된다(「굿하는 집」). 가난함 말고 시인이 무당집에 세 들어 살았던 다른 이유가 있었을까. 순간, 말로 다 할 수 없는 시간의 단층을 뛰어넘는 시인을 놓치면 안 된다. 어느새 일상이라는 골목을 걷고 있는 시인, 개나리가 피어나는 천변에 잠시 멈춰 있다. 봄의 속보를 전해 듣는 시인은 지친 골목에 희망을 조판해주는 문선공이 아닌가(「꽃의 식자(植字)」). 그러나 희망이 피어나기도 전 골목은 입을 벌린 채 썩어가고 있다. 골목 끝 모텔, '탤런트'에선 이제 열다섯이 넘었을까. 여중생이 각종 몸의 조립법을 익히고 있다(「사워크림 초코쿠키」). 골목을 떠나간 사람들을 기다리다가 '골목은 이제 골목을 다 써 버린 듯하다.' 골목은 누구의 것인지도 모르는 욕망에 취해 음식물 쓰레기를 뒤지고 있는 여자를 물어뜯는다(「골목에 사는 여자」).

1. 참됨이라는 희망

다만 내가 쓰는 시가 현재성 안에서 되풀이되는 문제의 본질 중에서 '사람 살이'에 이바지할 수 있는 질료가 무엇인지 포착하고, 그 '참됨'을 드러낼 수 있기를 바란다. 나의 맹목이 정지된 말들을 움직이게 하고, 고여 있는 말들을 흐르게 하리라 믿는다. 그러면 내 시를 읽는 당신의 마음이 한결 맑아질 수 있을 테고.

—「시작메모」 부분

임경묵 시인의 시작메모를 읽다 보면 '참됨'이란 말이 두드러진다. 언어기표들이 흘러가다 잠시 멈춰 울돌목을 이룬다. '고여 있는 말들을 다시 흐르게' 할 수 있는 것은 기표 뒤에 숨어있는 의미의 드러냄이다. 인간 누구나가 처한 현재성의 한 특성은 그 일정부분이 관성의 법칙, 되풀이하는 운동에 있다. 자연의 맥박이랄까? 자연의 호흡은 그 기저의 질서를 반복성에 둔다. 반복, 회귀는 생명의 운동방식이다. 그러니까 '사람살이'는 반복성 위에서 구축되는 것이며 그 속에서 적절한 질료를 추출하여 현재를 살아있음으로 채워간다고 말할 수 있다. 그러기에 맹목(충동)은 인간적이기보다는 지극히 자연적이다. 즉 인간의 문화체계 속에서 보면 길들여지지 않은 날것이다. 이 충동(욕동)이 복잡한 체계(신체, 의식)를 통과하면서 다른 형태의 옷을 입고 방출된다. 시인은 하나의 에너지, 기의 흐름이라고 할 수 있는 '맹목'에서 시의 꽃을 피우기를 희망한다. 그런 활동이 '사람으로 살아가거나 사람들의 삶에 이바지할 수 있으리라'고 생각한다. 그래서 그는 물고기(시)를 낚는 어부(시인)란 직업을 선택한 것이고 싱싱하고 맛있는 시를 잡아 세상의 밥상에 올려놓는다.

관북(關北)의 바다에 '임연슈어'가 산다. 임연수(林延壽)라는 어부가 그 물고기를 잘 낚았다. 입담 센 바다를 홀로 유영하는 대 여섯 치 임연슈어……. 내게 시 쓰기는 검은 머리 사내 임연수가 되어 거친 바닷속 나만의 '참된' 물고기, 임연슈어를 낚는 일이다. 그러면 당신은 프라이팬에 지글대는 시의 물결무늬 살점을 가만 더듬을 수 있을 테고.

—「시작메모」 부분

어쩔 수 없이 시간에 밀려 세상 속으로 진입하면서 인간은 크고 작은 분열 상태를 경험하고 스스로를 소외시키는 과정을 통해 어른이 되어간다. 어두워질 때까지 골목을 마구 뛰어놀던 아이는 서서히 금기의 말들에 갇히게 된다. "공부해라!" "말 잘 들어라!" "그래서 뭐가 되겠냐?" "그런 애들과는 놀지 마라!" 어른이 되어간다는 것은 하지 말아야 할 것들을 배워가는 과정이다. 그렇게 스스로를 억압하면서 커버린 어른아이는 이제 대부분의 시간을 하나의 이름(자리)을 얻기 위해 산다. 더구나 타인의 욕망을 욕망할수록 더 큰 억압을 감당해야 된다. 따라서 자신이 진정으로 원하는 게 뭔지도 모른 채 욕망을 잡아채기 위해 허우적거리지만 잡고 나면 하루살이일 뿐이다. 둘러보면 골목을 휘저으며 같이 놀던 친구들은 찾을 수 없다. 더구나 부모도 형제도 그곳엔 없다. 무엇인가 잘못되었다는 것을 느끼지만 이제 돌아갈 길은 없다.

그렇다면 세상살이(상징계)의 주체 되기에서 시인 주체는 어떤 의미일까? 21세기를 살아가는 시인에게 마지막 남은 명예라는 옷조차 정말 남루한데 말이다. 그러나 시의 언어가 잃어버린 기의를 향한 다이아몬드 드릴처럼 작동한다면 언어로 만들어진 상징계에서 시인이란 마법의 퍼즐을 조립할 수 있는 자가 아닌가. 따라서 언어를 질료로 시의 집을 구축하는 시인은 스스로에게는 매력적임을 너머 '사람살이'의 희망공장 숙련공이 아닐까. 그래서 충동(맹목)이 볼 수 없는 저 너머, 혹은 고여 있는 언어에 의해 관습화된 세상에 숨을 불어넣고 마비된 말들을 풀어주어 다시 살아나게 하는 21세기 최첨단의 아르바이트라고 할 수 있다. 시는 세상의 끝까지 갈 수 있는 특별한 열(정)기구면서 상징계가 구멍 난 그 근방에서도 비행이 가능한 그 무엇이라고 일군의 언어기술자들은 믿고 있다. 시인은 골목에 서서 은근히 묻고 있다. 당신도 이런 언어의 기술을 습득하고 싶지 않은가?

2. 골목의 의미

기억의 팽이를 돌려보면 집단 기억이랄까. 골목에서 놀던 어린 내가 누구에게나 있다. 한참을 놀고도 모자라서 신발짝은 벗지도 않은 채 저녁밥을 먹는 둥 마는 둥 뛰어나가 달음질치며 숨바꼭질하던 기억. 그 골목은 누구나의 것이기도 했다. 늦도록 아이들의 웃음소리가 담장을 넘던 그곳은 골목을 큰 마당으로 가진 하나의 공동체랄까. 골목은 누구의 소유랄 것도 없이 거기 사는 사람들의 슬픔, 웃음, 가난, 희망의 통로였다. 그 구불구불하고 좁아터진 골목의 대문은 공동체에게 늘 열려 있었다. 그곳 사람들을 하나의 통합된 신체로 이어주는 핏줄처럼 따뜻했다. 비틀린 욕망과 멈출 수 없는 눈물도 골목엔 묻어났지만 그러나 아침이면 쌀 씻는 소리, 된장국 내음, 학교로 걸어가는 봄꽃 아이들……. 그래서 새벽이면 골목은 바바리맨을 세워놓기도 하고, 집고양이 할머니들은 해그림자를 따라 이야기를 똬리똬리 풀어놓았다. 어느 오후, 시인은 그 골목을 찾아갔나 보다. 기억 속에 남아 있어 불쑥울쑥 현재의 자신을 불러들이는 골목, 그러나 납작해진 골목.

일기예보에 우박이 내린다고 했는데
섬모 같은 빗줄기가 비칠거린다
검은 비닐봉지가 맨홀 뚜껑 위에 납작 엎드린다
철거 딱지가 붙은 판잣집이, 거웃만 가린 담장이, 무당집 붉은 깃발이 젖는다
나팔꽃이 담장을 넘다가 들킨 자리에
우두커니 서서 젖는다

저녁이 골목을 내려간다
비 맞은 검은 비닐봉지와 사철나무와 민달팽이와 판잣집과 무당집 깃발과 나팔꽃과 바바리맨을 데리고
부스럼투성이 잡귀가 되어
뿌연 어둠을 일으키며 내려간다

나는 아직 이 골목에 소속되어 있다

—「골목의 감정」 부분

골목은 객관적 대상이면서도 내가 주체가 되어 만들어갈 수 있

는 관계로서의 기능체이기에 골목 속으로 걸어 들어가 거기 속해 있을 수 있으며 밖에서는 골목을 대상화할 수 있다. 즉 주체는 골목의 영향을 받으면서도 그것을 만들어갈 수 있는 구조적 특징을 갖고 있다. 결국 주체를 배제시켜서는 골목이 성립할 수 없고 골목이 없다면 주체는 자신 안에 갇히게 된다. 그러므로 자신이 주체임을 망각할 때 그것은 인간들이 버린 욕망의 폐기물 매립지가 된다. 그렇다면 주체 자신의 외부와 내부를 잇는 존재의 띠라고 말할 수도 있을 것이다. 존재의 내부에서 외부로 가는 골목에 서서 시인은 '철거딱지가 붙은 판잣집, 거웃만 가린 담장, 무당집 붉은 깃발과 함께 비에 젖고 있다.' 기억의 팽이가 돌아가는 원뿔의 꼭짓점인 현재, 시간이 쌓여 만든 축적물. '나팔꽃이 담장을 넘다가 들킨 자리에 우두커니 서 있는 동안 어느새 저녁이 골목을 내려간다.' 시인은 더 멀리까지 줌렌즈로 기억의 풍경을 담아낸다. 그렇지, 거기 붉은 대문의 집이 있었지.

3. 굿하는 집

잃어버린 시간을 거슬러 오르면 산기슭에 붉은 대문의 집이 보인다. "또박또박 쓰여진 굿. 하. 는. 집" 그곳이 "삼남매가 해마다 한 뼘씩 키가 자라던 집"이다. 그는 집을 세계 안에 있는 대상들 가운데 하나의 중심이며 자기 자신으로 돌아오고 스스로를 통제할 수 있는 중심점이라고 생각한다. 그러나 집이 가족의 보호막을 넘어 세포막임에도 불구하고 그의 헌신적인 아버지조차 결혼한 지 이십오 년이 지나서야 철도건널목에 집 한 채를 겨우 마련할 수 있었다. 지나온 생의 필름을 되돌려보면 누구나가 빛이 새어 들어간 불연속면을 갖고 있다. 거기서 그대로 필름이 끝난 생도 있지 않은가. 먹고 사는 일 때문에 누구는 작두에도 올라가고 외줄도 탄다. 그래서 외줄을 타듯, 무당이 작두를 타듯 자신을 전부 던져야 하는 변곡점에 서게 된다.

굿 없는 날은
징소리 고이던 처마에 무당거미가 그늘을 흔들며 집을 짓고
아기 귀신을 잘 본다는 주인집 무당 할머니가
머리에 무명 띠를 두르고
수국이 핀 우물가에 쪼그리고 앉아
매운 담배를 피우던 집
그 모습 문구멍으로 엿보다가
무당이 작두 탈 때는
머리가 천정까지 닿는다는 엄마 말이 문득 생각나
무당벌레의 몸을 빌려
그의 흰 버선발에 앉아보고 싶던 집

중학교에 올라와 처음 배운 영어 때문인가
붉은 대문에 또박또박 쓰인
굿. 하. 는. 집. 이
좋은 일 하는 집으로 자꾸 해석되던
새벽 장사 나간 아버지 어머니를 밤늦도록 기다리다가

우리끼리 깜박 잠들어도 하나도 안 무섭던

산기슭

우리 집

－「굿하는 집」 부분

무당이 사는 집은 언덕 위 골목이 끝나는 지점에 있다. 산비탈에 붉은 대문, 붉은 깃발을 펄럭이는, 어린 시절 시인이 세 들어 살던 집. '새벽 장사를 나가는 아버지와 어머니를 밤늦도록 기다리는 삼 남매에게 무당할머니는 굿판이 끝나면 제일 먼저 흰 쌀밥과 돼지고기, 과일과 떡을 갖다 주곤 했다.' 그래서 '붉은 대문에 또박또박 쓰여진 굿. 하. 는. 집을 좋은 일하는 집으로 바꿔 해석하며' 컸던(커야 했던) 기억의 무늬. 그곳에서 시인은 밤늦도록 돌아오지 않는 아버지와 어머니를 기다리며 무서움을 달래는 법을 배웠을 것이다. 어쩌겠는가. 삶 앞에서라면 노숙자일지라도 하루 또 살기 위해 조각난 퍼즐을 끼워 맞춰야 하지 않겠는가. 무당이나 굿, 이런 것들이 의미하는 것이 무엇인지조차 이해하기 어려웠던 아이는 '해마다 한 뼘씩 키가 자라면서' 가족 공동체의 중심인 아버지를 통해 세상과 이어진 문을 조금씩 열어갔을 것이다.

4. 꽃이 핀다는 것

바싹 마른 겨울나무를 만져보면 호흡이 느껴지지 않는다. 나무가 땅 위로 수많은 가지를 뻗고 있듯 땅 밑에도 무수하게 엉킨 뿌리를 내고 있음을 생각하고서야 안심이 된다. 개체가 살아가는 국면은 드러난 부분과 숨어있는 부분이 마치도 데칼코마니같이 비례나 무게 면에서 어슷할 거라는 생각을 한다. 나무조차 겨울이면 그 많은 날을 거두어(압축해서) 또 다른 꿈을 꾼다. 겨울은 생명의 단절면이기도 하지만 그 내부를 들여다보면 꿈으로 행복한 계절이 아닐까. 긴 겨울이 지나는 동안 스스로를 달래가면서 그 어느 날의 폭발점을 향해 걸어가고 있다. "호외요! 호외!" 그래서 봄은 전쟁에 나가 죽은 줄 알았던 아들이 살아 돌아온 사건이 된다. 겨울을 겪어냈기에 봄은 그 여린 바람에도 '찔금 눈물을 지리거나 눈물을 쏟아내는 것'이다. 속보는 더 빠르게 퍼져간다. '기계단지, 화학단지, 염색단지까지 봄은 거뜬히' 행진하고 있다. 겨울아버지의 아들, 딸인 수억만 봄꽃송이들은 희망의 노래를 불어댄다.

천변을 쏘다니던 늙은 개 한 마리가
컹컹 짖어주어
문장부호와 띄어쓰기를 겨우 맞춘 탈고

시큼시큼한 하수구 퇴적물 위에
호외로 뿌려진

봄,

봄,

봄,

—「꽃의 식자(植字)」

그의 석사논문인『누룩뱀과 사귀다』를 통해 시인이게 있어 꽃이 피어난다는 것의 특별한 경험을 만날 수 있다. '교단에 선 지 10년째 되는 가을, 학교 화단의 늙은 대추나무는 낙과를 예비할 시간에 다시 꽃을 피워 올린다. 유난히 실직 가장, 결손가정이 많은 고등학교 3학년 담임을 하면서 아이들의 쓸쓸함과 눈 맞추는 곤욕스런 날들, 밤늦도록 보충수업이며 야간자율학습이며 왜 해야 되는지도 모르면서 공부에 매달리는 아이들에게 해줄 수 있는 것이 아무것도 없어 보일 때, 그때 시가 온 것 같다'고 고백한다. 세상 속에서 살아내기 위해 자신의 욕망을 억누르고 다시 누르다 보면 이상증후들을 경험하게 된다. 차라리 언어화할 수 있다는 것은 억압된 것이 해소되는 방식이다. 언어화되지 못하고 점액질처럼 끓어대는 욕망들. 얄팍한 지각층을 뚫고 마그마와 가스를 뿜어댄다. 주기적으로 반복되는 증상은 마침내 스스로를 파괴하기까지 한다. 그런 점에서 그해 가을 대추나무에 꽃이 핀 것은 시인이 처한 내면의 절실함을 반영하고 있다. 현대인은 억압된 것이 회귀 되는 방식에 있어 크고 작은 증상들을 갖고 있는 셈이다. 더구나 자연에서 인간을 분리해내기 불가능함에도 극단적으로 자연을 타자화, 수단화하면서 자연의 자연스럽지 않은 증후들을 곳곳에서 만날 수 있다. 그래서인지 언제부턴가 봄이면 꽃들이 한꺼번에 피곤 한다. 아예 봄이 사라진 것같이 바로 여름이 시작된다. 겨울조차 뜨뜻미지근하다.

그래서 꽃들은 시큼시큼한 하수구 퇴적물 위에 간신히 희망이라는 활자를 새겨놓는다. '아직, 아직은 희망, 희망이 남아있어요. 이렇게 희망의 문장부호와 띄어쓰기를 천변의 늙은 개가 교정해주기도 하니까요.'

5. 모텔이 들어선 골목

욕망의 폐기물을 먹고 자란 아이는 이제 스스로 욕망모텔로 걸어 들어가 그 모텔을 만든 '아저씨들'을 기다린다. 누가 가해자이고 피해자인지 둘은 한 몸으로 뒤엉켜 있다. 골목엔 어떤 질서(법칙)가 있었던 거 같은데 이제 누구도 어두워진 골목으로 혼자 걸어가려 하지 않는다. 그건 범죄행위에 노출되는 것과 같다. 막다른 골목에서 사람 사이의 거래는 그 방식이나 품목조차 달라졌다. 골목마다 모텔들이 입을 벌린 채 네온의 화장을 한다. 입구마다 프랭카드가 더 크게 흔들린다. '5번 사용 시 영화표 두 장 무료', '자동차 번호판을 가려드립니다!', '카운터 무인출납!' 모텔에서 아저씨를 기다리는 여중생은 "핏빛 초콜릿 칩이 촘촘히 박힌 사워크림 초코쿠키"를 만들고 있다. 허기진 시간을 꽉 짜줄 수 있는 여자, 그럴수록 어린 여자를 구매하고 싶은 아저씨들은 언젠가 골목을 뛰어다녔던 아이들이었다. 그 사이 무엇이 달라졌던 걸까. 자기 목소리를 잃어버린 채 욕망하는 주체들은 휩쓸려가고 있다. 무중력 욕망을 좇아 흐르다 보면 파라다이스에 닿을 수 있을까.

황사도 사라졌는데 마스크는 왜 썼어요

형식을 좋아하세요

내 입을 틀어막는 아저씨의 체크무늬 손수건에서

클로로포름 냄새가 나요

내 목을 조르는 흰 손가락에서

클로로포름 냄새가 나요

난 여중생인데 자꾸 나를 베이비라고 부르는 아저씨

죽음도 하나의 형식인가요

혹시,

사워크림 초코쿠키를 싫어하세요

아. 저. 씨. 친. 절. 한. 분. 맞. 잖. 아. 요.

—「사워크림 초코쿠키」 부분

무수히 지나쳐가는 만남들 속에서 잠시 하나가 되는 섹스의 느낌만이 그래도 따스하게 기억되기에 세상의 기호들을 잠시 벗어둔 채 몸과 몸이 나누는 거래가 행해진다. 이미 골목이란 장소성은 상상 가능한 인간관계에서 한참 벗어나 있다. 그곳에서의 거래는 한 판의 게임을 치르듯 끝나자마자 또 다른 게임의 기대감이 허무함과 함께 남는다. 욕망의 끝은 프로이드의 직관처럼 죽음으로 돌진한다. 그래서 유사죽음놀이는 점점 섬뜩한 상황으로 나아간다. 결국 인간은 세상 속의 이름을 얻는 것으로 존재를 채울 수 없다는 것을 스스로 증명하는 것이다. 시인이 어린 소녀의 목소리를 빌려 하고 싶은 말은 무엇일까. 이렇게 잔혹한 골목의 현주소를 바로 당신이 만들었다는 말? 막다른 골목 끝에서 사람의 피를 빨아대는 에어리언으로 트랜스될 수도 있다는? 물론 현대사회가 그 내부에선 이미 갑이 을, 병, 정을 잡아먹고 있지만 말이다.

6. 골목이 그녀를 물어뜯는다

어쩌면 이런 상상도 가능하지 않을까. 인간이 만든 골목은 그곳에 사는 사람들의 소통에 의해서만 건강함을 유지한다. 관계맺기의 네트워크를 잃어버렸을 때 인간은 스스로 갇히게 되고 구조물(골목)에 의해 마침내 파멸하는 시나리오가 만들어진다. 이런 시나리오로 한 편의 단편영화를 만든다면 그것은「골목에 사는 여자」가 되지 않을까. 여기 주인공은 탤런트모텔에서 샤워크림 초코쿠키를 만들던 여중생이었다고 생각해도 좋다. 이제 상품가치가 떨어져 감히 모텔왕국으로 들어설 수가 없는 여자는 음식물 쓰레기 수거함을 뒤지면서도 골목을 벗어나지 못하고 있다. 왜냐면 그녀의 오래된 몸 안에는 요일마다 다른 골목들이 들어서니까. '골목들은 기침을 하고 혓바닥을 길게 빼물고 발자국에 질척대고 그녀의 어깨와 충돌하기도 한다.' 그래도 그녀는 그 골목들이 자기의 몸속인 듯 편안하다. '그녀가 수초처럼' 잠들면 골목들은 일어나 잠든 그녀를 물어뜯는다.

월요일은 첫 번째 골목에서
화요일은 두 번째 골목에서

수요일은 세 번째 골목에서
목요일은 네 번째 골목에서 그녀는 수초처럼 잠든다

금요일은 첫 번째 골목이
토요일은 두 번째 골목이
일요일은 세 번째 골목과 네 번째 골목이
잠든 그녀를 물어뜯는다

―「골목에 사는 여자」 부분

작은 혁명

우대식의 2016년 신작시, 「겨울밤의 명상」, 「호박잎을 쪄먹다」, 「노숙 그리고 통방」, 「법치주의자의 고민」, 「참요(讖謠)」가 겨울 햇살 쌓아올린 벽 틈새로 툭, 투둑 떨어졌다. 그것들은 두꺼운 표피층에 둘러싸여 죽은 듯이 몇 날을 웅크리고 있었다. 가까이 다가가면 음울하고 차가운 눈빛으로 노려보았다. '그래도……, 추운가? 왜 여기까지 왔을까? 구부러지고 찢겨진 바람 때문에? 어쨌든, 내게 왔으니, 살려내야지.' (아마도 모든 시는 각자의 읽기 방식과 관계지어진 후 조금 다른 시들로 변모되어 갈 것이다. 달라진 읽기의 여백이 더 자유로운 시간을 열어줄 것이니까.) 보랏빛 얼음알갱이가 공중에 떠다니던 날, 도서관과 서점을 휘적거리며 그의 시들이 떠나온 집의 뒷산, 다섯 채를 구입했다(『늙은 의자에 앉아 바다를 보다』, 『단검』, 『설산국경』, 『죽은 시인들의 사회』, 『시에 죽고, 시에 살다』). 하나의 시가 완성되기까지 그것을 형성시킨 장(場)으로서 시인의 인식 지평인

다섯 권의 집은 꽤나 무겁고 어두웠다. 그 속으로 더 깊이 걸어 들어가는 것이 새 작품들과 잘 만날 수 있는 일이겠기에 급히 이 집 저 집 들락거리며 밥을 먹어치우고 겨우 숨 쉬면서 불편한 잠을 잤다. 꿈속에서 다섯 개의 구름 조각이 흘러가는 집 위에 떠 있었다. 집안엔 주인 없는 목소리가 흩어져 있고 흐린 조각들로 노래를 맞춰보았다. 아직도 푸르뎅뎅한 다섯 마리 시에게 다가가 문을 두드린다. "엄마 왔다, 문 열어."

1. 겨울밤을 명상하다

그의 시 읽기 출발을 '겨울', '밤', '명상'에서 시작하고 싶다. 1999년 등단 이후 2013년 세 번째 시집을 발간하기까지 시의 중핵이라 할 성소, 자궁은 겨울, 밤, 명상의 상징어로 압축된다. 더구나 겨울 가운데도 한밤중이다. 생명이 발아하고 성장하고 다시 흩어지는 라이프 사이클로 본다면 겨울밤은 물리적 조건에서도 길이 끝난 지점이다. 움푹 패인 그 자리에 흰 눈이 내리고 눈은 땅에 떨어져 따뜻한 물방울로 번지면서 잠든 생명들을 깨울 것이지만 겨울 한복판에 서면 과연 봄이 올 것 같지 않은 두려움이 가득 찬다. "어느 시를 펼쳐보아도 눈보라가 몰아치는 겨울 들판을 홀로 걸어가는 한 사나이의 그림자가 떠오른다."(이혜원, 『단검』 해설) 지치지 않는 (지쳐서는 안 되는) 떠남과 정주의 진자운동을 통해 흰 눈이 내리는 그 집으로 돌아가는 길 위에서 어떤 사건들이 일어났던 걸까.

바람은 어떻게 사물을 허공에 띄우는지
별이 사람의 가슴에 박히는 방식은 어떠한지
백설기에 박힌
검은 콩은 어떻게 붉은 피톨이 되어 먼 여행을 하는지
눈 쌓인 산을 내려온 짐승들은 절간에서 무슨 냄새를 맡고 돌아가는지
어떤 사소함이 나를 바르게 살게 만드는지
그러다가 느닷없이 내 생각을 믿어서는 안 된다는 생각도 하는 것이다
그것은 참 나쁜 일이라고 생각하는 것이다
컴컴한 밤에 내린 폭설을 딛고 서서
겨울에서 봄으로 가는 길에 대한 명상과 다짐을 해보는 것이다
멀다
먼 거리다
단숨에 가야한다
개들이 사라졌다

—「겨울밤의 명상」 전문

「겨울밤의 명상」은 나머지 네 편의 시에 대한 서시로 읽힌다. 그는 소한에서 대한 사이 명상을 한다. 그 명상은 생각들 나부랭이가 무의식의 굴뚝에서 피어오르는 것에서 시작한다. 무의식엔 천 년, 만 년 전 욕망들이 들끓어댄다. 그 속에는 다리 넷 달린 짐승도 솟아오르고 나(자아)로 분화되기 전 바람도 불어대고 별이 생성될 때 같은 질료를 나눠 가진 인간나무들이 화석으로 쌓여 있다. 2016년 겨울밤의 명상 중에 유난히 피 흘리는 상처들을 발견한다. 어디서

부터 잘못되었던 걸까? 그 깊은 화농을 들여다보는 명상의 주체는 먼지보다 작아서 세상을 바꿀 힘이 없겠지만 세상의 일부이므로, 더구나 세상의 중심일 것이므로 내 안의 어그러진 것들부터 고쳐가자고 생각한다. 그러다가 그건 외마디도 지르지 못한 채 죽어가는 이들을 두 번 죽이는 일이라고 자책하면서 거대한 자본주의의 바닥없는 입과 마주 선다. 그러나 내부에서 올라오는 물음은 멈추지 않는다. (어디서부터 잘못되었던 걸까?)

그때 문밖에 폭설이 내렸음을 깨닫는다. 어린 천사(신이 잠든 날/그 수염을 끌고 지상에 온/ 어린 천사(「첫눈」, 『단검』), 흰 눈이 세상을 덮을 것이다. 그는 밖으로 나가 폭설을 딛고 생각한다. '그들과 함께 가는 길은 먼 길이지만 가야한다고, 단숨에 가야한다고' 현대인의 경제구조인 자본주의는 그것이 발전할수록 잉여의 독점화 현상을 해결하지 못하고 있다. 지젝의 언급처럼 힘/관계의 불협화음으로 인해 현대자본주의는 도려내야만 하는 암덩이를 안고 있다. 시인이 이런 문제들 앞에서 한 오라기 명상의 해법을 끌어내는 것은 핵폭탄 앞에서 나무방패를 내보이는 것 같다. 그러나 명상은 언어로 꽃가마를 만드는 자들의 최후의 무기가 아닐까. 시를 만들어내는 공장장은 그의 내면에서 우주보다 더 커질 수가 있다. 그는 우주 밖에서 우주 전체를 생각할 수 있는 존재다. 바로 그것이 생각의 힘이다. 세계를 타자화한 주체는 세계의 외부면서도 그 안의 일부이기에 균열(문제)을 진단할 수 있는 힘이 있다. 즉 균열의 의미화 작업이 일어난다. 결국 주체의 개입에 의해 어디서부터 어루만져야 할지 모르는 억압된 문제들이 표면화되기에 이른다.

그때 무의식 속 울부짖던 '개가 사라지고' 빛나는 결정체, 의식의 하얀 벌판이 남는다. 자기 안에 들어와 있는 자연(결여를 포함한 자연)은 결국 주체보다 더 근원적인 무엇이었다는 생각이다. 그 진실을 받아들인 순간 어떤 물음이 가능할까. 그토록 자신의 전부를 걸고 찾아다닌 '나는 무엇인가'의 주체 찾기의 길 끝에서 자신이 흉측하게 벌어진 상처 그 자체임을 깨달았을 때 인간은 마침내 어떤 물음을 하게 되는가. 그건 자기 정체성을 찾아다녔던 주체가 헛것인지도 모른다는 사실에 대한 인식이다("제발 내 헛것에 감각을 불어넣어 다오" 「살쾡이의 눈」, 『단검』). 그리고 주체 이전의 문제들이 제기되기에 이른다. 생명이란 무엇인가. 존재란 무엇인가. 내 안의 무의식은 그 끝이 어디에 닿아 있는가. 바로 새로운 시들을 통한 그의 문제의식은 주체(의식)의 그 아래, 혹은 주체를 떠받들고 있는 무의식에 대한 발견, 그런 무의식이 저 자신의 영토임에도 그에 대한 부정, 억압, 폭력을 가하는 현대인의 병적 증상을 드러내 보여준다. 그러기에 이번 새 작품들은 현대자본주의가 노출한 문제들에 대한 시인 나름의 답일 수 있지 않을까.

2. 호박에게 배우다

인간이 자연을 타자화하면서 잃어버린 덕목을 호박에서 찾을 수 있을까? 그것이 가능하기 위해 우선 자연 속 각각의 개별자들을 가치의 중립적 차원으로 끌어올릴 필요가 있다. 개미, 민들레, 각시풀…… 또 다른 무엇에게도 인간은 잃어버린 자연성(있는 그대로 그러함!)을 배워야 한다. 그들의 언어를 들을 필요가 있다. 호박

줄기는 그의 시 속에서 "슬쩍 꼬리를 들여놓던 놈"으로 동물적 친근성으로 근접해 간다. 그래서 시인은 호박 줄기에서 뱀의 상상력을 빌려 타고 그 원시의 시간으로 거슬러 오른다. 몇 구비 휘어진 시간의 굽이를 돌아 여린 순을 만날 수 있을 테니까. 이런 상상력의 피돌기는 그 자신이 속해 있던 물리적 장소와 시간 속에서 일어난 사건의 체험이며 자신만의 상징어로 압축된다. 식물의 여린 순을 시의 중심에 들여놓는 일은 자연과 친화력을 가졌던 어린 자아의 경험들과 더불어 현재 시인이 머무는 장소성과 관련지어져 있다. 균열이 깊을수록 그는 적극적으로 그것을 메우기 위해 식물적 부드러움을 배워가고자 한다.

나는 뱀을 본 듯 얼른 허리춤을 잡고 나왔다
나오면서 보니 연한 털이 보숭거리는 놈이었다
호통을 치려다가 슬그머니 피해버렸다
그에 비하면
찬 것 먹고 사는 동물들은 일간이들이나
밥과 유전자를 위해 모진 이빨을 드러내지만
죽을 때가 되면 머리를 두발에 얹는다
흐리멍텅한 눈
파리도 쫓지 못하는 꼬리
명백한 죽음 앞으로 줄을 선다
새끼 손가락만한 꼬투리에 솥뚜껑만한 호박을 허공에 달고도
견디는 무자비한 대자대비

호박잎이 맛있는 이유가 여기에 있다

—「호박잎을 쪄먹다」 부분

호박에게 배울 수 있는 가장 큰 덕목은 죽음 앞에서의 자세랄까. 자연 속 그 많은 개체수의 식물, 동물들은 죽음 앞에서 인간과는 다른 자세를 보인다. 그들에게 삶과 죽음은 분리된 무엇이기보다 시작과 끝이 하나로 이어진 원환적 구조랄까. 이런 사고를 인간세계로 끌고 오면 불교적 순환론으로 해석될 수 있겠다. 불교에서 삶과 죽음은 윤회 그리고 환생이라는 무한반복의 과정으로 이해된다. 마치 흐르는 물이 멈추지 않는 것처럼 돌고 도는 흐름 위로 물고기가 솟아오를 때 잠시 바퀴는 멈춘다. 지금까지 속해 있던 차원과는 다른 햇살과 바람을 맛보는 그 순간은 그래서 의미가 있다. 그런 시간의 누빔점을 위해 시인은 감각세포를 투명하게 닦는다. 죽음 저 너머 무엇이 있을 것이라는 세계관으론 이 현실은 무의미하게 찌그러진다. 따라서 이 순간은 끝없이 유보되기에 이른다. 정신의 상승운동 그 끝에서의 죽음은 하나의 미적 가치를 띠지 않으면 안 된다. 인간은 그 어떤 종도 이루지 못한 진화의 속도로 지구상에 인간절대왕정을 실현했다. 그러나 그 어느 날 생명역사가 우주사적으로 기술된다면 호모 사피엔스는 뛰어난 이성의 능력을 가진 종으로 기록되지 않고 가장 잔혹한 종으로 기록될 것이란다. 그렇다면 우주생명사 차원에서 호모 사피엔스에게 퇴화된 유전자는 무엇일까. '죽을 때가 되면 인간은 자기 눈 안에 앉은 똥파리조차 쫓지 못하며 그 어떤 두뇌의 소유자도 머리를 두 발에 얹고 만다.'

그러나 생각할 줄 모르는 호박은 죽음 앞에서조차 '손가락만한 꼬투리로 솥뚜껑만한 호박을 허공에 달고도 견디어 낸다.' "무자비한 대자대비"의 마음은 결국 죽음에 대한 받아들임에 그 비밀이 있다. 호박조차 잘 기억하고 실천하고 있는 덕목이 바로 죽음 앞에서의 자세랄까. 내 안에 있는 그 검은 구멍에서 도망치지 않는 것, 작은 혁명처럼 자기 자신 안에서 조용하지만 가장 힘겨운 혁명을 이뤄내는 것.

3. 죽은 자들의 귀환

죽음과 삶이 이어져 있다면 어떻게 살았느냐와 어떻게 죽느냐의 문제는 동전의 양면처럼 맞닿아 있을 것이다. 죽음과 주검이 쉽게 폐기처분되는 말기 자본주의는 끝내 병리적 증상들을 드러낸다. 타자는 이윤을 추구하기 위한 수단으로 기꺼이 전락한다. 가진 자의 횡포는 불투명한 법망 뒤로 숨어버렸고 저이 누군지도 모르는 다수의 약자는 개죽음을 당하게 된다. 무엇이 인간을 탐욕의 돼지로 만든 걸까. 그렇다고 0.1%의 권력자가 진정한 자유를 획득한 것도 아니다. 사치, 마약, 알코올중독, 매음으로 그들 또한 병든 노예일 뿐이다. 더 빠른 속도로 다음, 그다음을 향해 내달리는 열차는 그 어떤 경고도 받아들이지 않는다. 소수의 폐쇄집단을 형성한 권력층은 자신들의 힘을 지켜가기 위해 수백만의 목숨이 일시에 몰살된다는 것을 알면서도 전쟁 버튼을 누른다. 그들이 대량학살 무기를 팔아먹기 위해서라도 전쟁은 당분간 사라지지 않을지도 모른다.

푸른 하늘은 어디로 갔을까
상한 갈대들이 피 묻은 손을 흔들고 있다
박스에 쓰인 숱한 경전의 글귀들이 지하도에 나뒹군다
라면, 소주, 과자
경전의 글귀가 너무 아름다워
박스로 온몸을 감싼다
고소한 천국의 냄새
이 추위에도 콘크리트 벽사이로 고름이 흐른다
벽은 길동무, 내 이야기를 가장 많이 들어주던 이
퉁퉁 벽을 두드려본다
저 너머 세계와 통방을 해본다

—「노숙 그리고 통방」 부분

권력자들이 만들어놓은 큐브 속에 우리는 몇 개 경우의 수로 규정되는 '갈대'들인 것이다. 대다수 인간들은 가난을 대물림해야 하는 현실이다. 아무리 일해도 그들에게 돌아오는 것은 '라면과 소주, 과자 부스러기들'이다. 몸을 간신히 눕힐 수 있는 박스 만한 방의 월세가 얼마인가. 그래도 그 속에 누울 수 있는 건 가장 밑바닥 생은 면한 경우다. 라면 박스로 몸을 가린 노숙자들을 보고 노력하지 않은 자들의 최후라고 쉽게 말할 수 없다. 사회구조적 모순의 나사를 어떻게 다시 풀 것인가. 시인은 콘크리트 벽 너머를 두드려본다. 벽 너머에선 이미 죽음의 악취가 풍겨난다. 포도나무에 알알이 영근 포도알처럼 빛나던 날들은 과거에만 있다. 벽 저쪽에서 희미한 답이 온다. “잠에 들라”, “잠에 들라” 그들은 따스한 바람과 햇살 속에서 죽음을 맞는 것이 아니라 익명인 채 죽어가는 것이다. 그래서 그들이 죽은 후 벽 너머 고양이의 눈이 튀어나온다. 얼어 죽은 얼굴이 저 세상으로 가지 못하고 자신의 죽음을 말하고자 한다. 살아남은 누구도 억울한 죽음을 말해주지 않으므로 시신을 덮었던 흰 천을 뚫고 그들은 되돌아온다. 그들의 죽지 못하는 목소리를 들어야 한다.

4. 검은 노래

사회구성원에게 법은 그것이 법이기 때문에 지켜진다. 다시 말해 그것이 진실이라서 받아들이기보다 어쩔 수 없는 무엇이기에 구속된다. 그렇다고 법을 없앤다면(그럴 수도 없겠지만) 사회는 무너진다. 법은 텅 빈 기표가 되어서는 안 되며 또한 무기가 되어서도 안 된다. 법을 법답게 하는 것은 법을 활용하는 개개인의 주인의식이다. 즉, 개인의 의식이 법 기표의 매듭으로 작동해야 한다. 법이 인간을 위해 만들어졌다는 것을 망각한다면 그것을 가장 쉽게 수단화할 수 있는 자는 권력층일 수밖에 없다. 그들은 법치주의의 제도 속에서 법은 곧 진리라고 공표하면서 개인의 내밀한 사생활 영역까지 규정하려 할 것이다. 그것은 권력자의 위치를 더욱 굳건히 해 나갈 것이고 그들의 통치가 한결 쉬워지는 안전망이 될 것이다. 카프카의 『심판』에서 K의 발언처럼 ‘거짓말을 보편적인 법칙으로 얼마든지 바꿀 수가 있는 것이다.’ 따라서 법(이데올로기)이 개인에게 닫힌 문이 아니라는 것을 늘 자각해야 한다.

나는 소리쳤다
법이 그리 한가하냐
그 분은 강도, 강간, 손해배상, 빨갱이 등등을
상대하기도 바쁘시다
우습다
내 꺼 가지고 내 맘대로 하지 못하게
공청회 하고, 의젓한 사람들이
법으로 정하고
곰곰이 생각해보면
오랄을 보호하려고 그런 것 같기도 하다
어쩌면 섹스를 보호하려고 그런 것 같기도 하다
가만히 생각해보면 비슷한 것 같기도 하다
오랄과 섹스는 敵인가

—「법치주의자의 고민」 부분

이데올로기의 환상을 제거하면 그 자리엔 무엇이 남을까. 거기엔 식욕과 성욕이라는 인간 원초적인 충동 외에 죽음에의 충동이 남을 것이다. 벌거벗은 인간이 자기 몸에 난 이상한 상처를 자기 것으로 깨닫고부터 옷으로 그걸 가리면서 끌고 온 공동체는 이제 모순으로 가득 차버렸다. 그런 상황이 시인은 참으로 "이상한 일"이라고 말한다. 예를 들어 오랄섹스조차 법망 안으로 끌어들이려는 그 해괴망측한 발상 말이다. 법을 행사하고 있는 국가에 대한 믿음의 상실, 희망 없음이 냉소적인 발언을 하게 한다. 개인의 다양성이 강조되고 있는 현대사회에서 옳음과 그름의 도덕 문제 너머 좋음과 나쁨의 윤리 문제, 즉 양심의 회복은 어려운 일일까. 윤리의 문제는 개인의 주체적 판단에 더욱 무게를 둔다. 강압적인 법의 기준이 적용되기보다 개인의 자율적인 판단에 의거해 보다 내재적이며 보편적 장을 형성해나갈 수 있다.

5. 내일을 살고 싶다

다섯 마리 시는 웅크린 어깨를 풀었다. 그것들이 일어나 손을 뻗는다. 내일도 그곳에 어린 시들이 있을 것 같은 믿음이 커졌다. (죽음이란 오늘을 감싼 보호막이 아닐까?) 시인은 겨울밤 한가운데에 깨어 있자고 말한다. 주체는 이미 그 생성 조건 안에 균열을 내포한다. 즉 자기 안에 들어와 있는 대타자(죽음)가 그것이다. 그곳에서 시인(시적 주체)은 명상을 한다. 결여이기 때문에 명상을 한다. 컴컴한 밤에 내린 폭설 속에서 날아올랐던 한 마리 새가 노래하는 새들에게로 돌아온다. '콩새는 콩을 먹고 살고 박새는 박을 쪼고 살고 할미새는 할미를 쪼고 사는' 당위(자연)의 세계가 갑자기 거꾸로 뒤집힌 채 검은 먹구름이 습격한다. 역습인 것이다. 어떤 말도 발설하지 않았지만 모두는 불길한 무엇을 예감하고 있다. "참요(讖謠)"로 이름 붙인 이 시는 어떤 징후를 드러낸다. 우리의 정신은 날아오름의 끝이 없겠으나 이제 '공장 굴뚝 아래 집을 지어 살고 있다.' '검은 물 아래 살림 살고' 있다. 어떻게 할 것인가. 우리는 끝내 함께 날아오를 수 없을 것인가.

검은 먹구름이 우리를 쪼러 온다

새들도 갑자기 하늘로 솟아오르고

새매도 놀라 후드득 날아간다

날아서 어디로 가나

공장 굴뚝 아래 집지으러 간다

검은 물 아래 살림 살러 간다

꽃들은 피다가 멈추고

소녀들은 담벼락에 기대 담배를 피운다

침을 탁 뱉는다

모두모두

조금씩 겁에 질려 있다.

–「참요(讖謠)」 부분

2015년, 김영산 새 꽃피우기 설명서

김영산 시인의 시 다섯 편(2015년에 태어난)이 우편물로 배송되었다. 한 사람의 시 세계가 켜켜이 쌓아 올린 낱장들의 탑처럼 끝도 없었다. 다섯 편의 시에 깊숙이 닿기 위해 두 손으로 받쳐 들듯 그의 시집을 찾아 비문의 글자들을 쓰다듬으니 『詩魔』(천년의시작, 2009)와, 『하얀 별』(문학과지성사, 2013)의 시집, 『시의 장례가 치러지고 있다』(도서출판b, 2015)의 산문집이 '넌 누구냐?'라며 올빼미처럼 내려다본다. 그 속에서 설형문자처럼 해독하기 힘든 「봄 혼례」, 「가을 혼례」, 「설동자(雪瞳子)」, 「詩魔 붉은 별」, 「詩魔 검은 별」이라는 다섯 편이 시가 눈을 감았다 다시 무섭게 치뜨며 나를 옥죄여 온다. 시들은 다섯 발 달린 씨알처럼 낮에도 밤에도 따라다녔다. 내 의식의 밭 어디엔가 어서 씨알을 심어야 할 텐데, 그동안 익숙했던 어떤 것들로 분류해서 구분 짓기가 힘겨웠다. 모르는 그가 지금도 어디선가 인사를 하고 있는데 나는 어떤 답장도 보낼 수가 없었다. 검은 하늘의 밝은 날을 짚어가며 저 깊은 흙살을 돋았다. "잘 이해는 안 되어도 거기 한 사람이 있었습니다."

울울한 날이 몇 날이고 계속되고 문득 뿌리를 내려 꽃이 보고 싶어진다. 왜? 한 번 듣도 보도 못한 모양의 씨앗들이니까. 하루, 이틀, 일주일이 지나는 동안 지금까지 품어왔던 씨앗들과는 다른 방식으로 키워내야 함을 알았다. 어떻게? 그냥 시에게 수도 없이 말을 걸었다. 그래도 쉽게 문을 열어주지 않는다. 내가 더듬은 시의 몸이 코끼리 몸통일 수도 있다. 아마 그럴 것이다. 그래도 그것들이 부화하는 동안 그 방은 굉장히 밝았다. 이제 깨어난 시들은 나를 엄마로 알고 따라다닌다. 누군가 그의 시들을 분양받아 키워보고 싶다면 '2015년, 김영산 새 꽃피우기 설명서'를 더러 참고할 수도 있다. 세상에는 한 번도 만나지 못한 꽃들이 너무 많은 이유이다. 그리고 누구라도 드넓은 밭을 품고 있기 때문이다. 단, 이 설명서는 검증되지 않은 한 사람의 꽃피우기 성공담일 뿐이다.

1. 시설(詩說)이란 무엇일까?

그는 자신의 시가 '시설'로 불리기를 원한다. 어디에서도 들어보지 못한 말이다. 시인 자신이 만든 새로운 형식이므로 먼저 그에게 물어보자.

> 시설이란 무엇인가? 시소설인가. 시와 소설이 아닌 시소설인가. '와'라는 조사가 없는 시소설인가. — 시에는 우주적 서정이 있고, 소설에는 우주적 서사가 있다 — 시 가락과 소설 서사가 한 몸인 시소설인가. 나는 죽기 살기

로 여기에 골몰해 있었다고 해도 틀리지 않다. 나는 솔직히 그녀의 벌레 먹은 사과보다도, 달콤한 사과보다도 '와'라는 과일 하나를 삼키는 죽음의 구멍, 혹은 입을 보고 싶었는지 모른다.

– 김영산, 『시의 장례가 치러지고 있다』 부분

시설이란 아직 완결되었다기보다 그 자신이 '죽기 살기로' 천착하고 있는 실험성의 형식이다. 그러기에 "시 가락과 소설 서사가 한 몸인 시소설인가"의 "인가"로 그 자신도 판단을 유보하고 있다. 왜, 그는 시설이라는 형식 만들기에 그토록 자신을 던지는 걸까. 그건 그 자신도 제어하기 힘들 만큼 자기 안의 말이 되고 싶은 말, 나의 말이면서 나의 말이 아니기도 한 욕망하는 말의 용량에 따른 결과가 아닐까. 21세기는 비로소 우주 시대가 시작되었다고 할 수 있으며 이에 합당한 우주 문학이 발원되어야 한다고 그는 강조한다. 우주 시대의 주체는 우주적인 공간과 시간을 살아가며 그는 시를 쓰는 시인(깨어 있는 의식)이어야 하기에 "시가 우주가 돼버린 광기의 시인의 말, 언제나 미루고 미루던 말 시설이라는 말"을 담아내기 위해 기존의 시를 '삼키고 뱉어내는' 장르의 구축이 필연적이라고 말한다.

그러나 다시 묻는다, 시설이란 무엇인가? 어쩌면 아무 분별이 없던 말의 고향으로 돌아가는 게 시설 아닌가. 원래 문학은 분별이 없고, 소설적 서사와 시적 서사가 하나 됨을 꿈꾼다. 모든 이야기는 시를 꿈꾼다. 거대한 하나의 문학나무에서 여러 줄기에서 실핏줄처럼 뻗어가는 게 있다. 여린 잎을 통해 무수한 말을 한다.

– 김영산, 『시의 장례가 치러지고 있다』 부분

아이러니하게도 우주 시대를 열 수 있었던 것은 과학의 발달에 의해서였지만 과학적 사고의 결과 인간은 '와'라는 연속적 층위에서 추방되어야 했다. 모든 의문점을 신의 존재로 돌리던 인간은 깨진 파편으로 떠돌면서 어디서 와서 어디로 가는지를 스스로 물어야 한다. (신은 사라졌지만, 신적 세계관의 기초공사라고 할 일원론적 사고는 여전히 강력하다.) 그의 시 또한 표면적으로는 현실 세계가 처한 물질문명의 병적 징후를 드러내는 것에서 출발하지만 근본적으로는 인간이 당면한 죽음의 문제와 정면 대응한다. 그 무엇으로도 메울 수 없는 죽음이라는 구멍, 이 구멍의 공포에 질식하지 않을 사람은 없다. 그의 시는 바로 이 공포에 대한 인식에서 출발한다. 아들을 잡아먹는 사투르누스처럼 검은 바퀴의 입에서 벗어날 방법은 없는가. 그가 우주 문학론을 세워보려는 근거가 바로 여기에 있다.

구체적이면서 독자적인 개별성을 포기하고 인간이라는 보편성을 획득할 때 거기 무수한 죽음을 거듭하면서도 이어지는 인간 정신(영혼)을 인정하게 된다. 따라서 시설의 등장인물은 고유명사가 아닌 대명사로 이루어진다. '그', '그녀', '나'. '그들', '우리' 등 고유명사의 층위를 통과해서 보편성으로 방향을 잡는 인물들은 그들이 살았던, 살고 있는, 살아갈 현실적 시간대가 지워진 채 보편적인 시간성을 확보하게 된다. 시설의 공간 또한 구체적인 지명이 드러나지 않은 채 개별자들이 살아가는 장소로서의 성격보다는 관념적인 공간으로 이동하게 된다. 이 모든 인물을 전지적 작가 시점에서 바라보는 화자는 인물들에게 죽음을 넘어설 수 있는 묘약으로의 시간성을 부여하고자 한다. 자칫 그의 인물들이 폐쇄회로에 갇힐 수 있는 이유이며 이러한 시적 방법론으로 인해 인물들에게 허용할 수 있는 유일한 사건인 죽음을 반복시키면서 닫힌 원운동을 되풀이하게 된다.

시마에 들린 시인("모든 진정한 시인은 시마파이다")은 언어로 우주선을 만들어 우주의 탄생을 엿보고자 하는 걸까. 시의 서정성과 소설의 서사 형식을 아울러 품으면서 둘 사이의 융합과정을 통해 우주의 공간성을 담아내려는 자신의 꿈을 그는 나누고 싶어 한다. 시설은 '드라마틱한 주술성이 있는 이야기며 고려가요의 후렴구가 시설의 후렴구가 되고 가사의 형식이 시설의 형식이 되었으며 근대 서사문학의 최고봉인 장편소설 대하소설의 형식과 내용을 받아들인다. 따라서 주인공과 주변 인물이 있고 사건, 배경, 구성에 있어 치밀하고자 한다.' 그의 시설에의 꿈이 팽창하는 우주를 닮은 걸까? 아인슈타인이 우주의 네 가지 힘인 전자기력, 중력, 강력, 약력을 아우를 수 있는 하나의 법칙을 발견하는 데에 말년을 전부 쏟아부은 것처럼 그 또한 하나의 장르로 모든 문학을 통합하고 싶은 욕망을 갖고 있는지 모른다. 그러나 그 꿈이 현실화되기 위해선 놓아야 할 다리가 많다. 인물들에 의해 만들어진 시공간 속엔 객관적인 현실 세계가 하얗게 표백되었다는 점이다. 그들이 우주의 비밀을 알게 되었다고 소리쳐도 너무 멀어서 이곳까지 들리지 않을 것 같다. 그들을 여기 내 곁에 살아있는 인물로 느끼기가 쉽지 않다. 그들이 천번 만번 척살을 당했다 하더라도 나 자신의 문제로 아프게 다가오지 않는 이유는 뭘까.

2. 검은 바다의 시간

「설동자」를 제외한 「봄 혼례」, 「가을 혼례」, 「詩魔 붉은 별」, 「詩魔 검은 별」에는 후렴구가 삽입되어 있다. 이 후렴구는 고려가요의 그것처럼 주제를 강조하고 전체적인 통일감을 부여하며 반복을 통한 리듬감을 유지한다. 후렴구는 발단, 전개, 절정, 결말의 이야기를 끊어가는 마디 역할로 작용한다. 그의 시설이 가사의 형식을 전적으로 수용하는 것은 아니지만 4음 4음보라는 율격의 친근성을 유지함으로써 시설 속 사건들이 어둡고 섬뜩하며 끔찍한 상황을 나타내더라도 시가 지향하는 통일성으로의 미학을 드러내게 된다. 그가 규칙적인 율격을 지속하는 한 시설은 우주를 운행하는 질서로서의 연속적인 세계관을 드러낸다는 것을 말해준다. 다시 말해 인식주체인 시인은 세계를 불연속적인 단면으로 파악하지 않고 연속적인 세계관으로 바라보고 있음을 알 수 있다. 형식이 내용을 규정한다는 그의 말처럼 후렴구의 기계적 삽입이나 4음보의 규칙성은 자연의 질서, 더 확대하면 우주의 질서를 담고자 하는 우주 문학으로의 뜨거운 기록임을 알게 된다.

하얀 웨딩드레스 입은 그녀 어디 갔는가
내 무덤 앞에 상복을 벗어던지고

황사의 사내가 오는 날
그와 혼례를 치르느라 면사포로 얼굴 가리는가
도시의 빌딩은 묘비처럼 뿌옇고
봄 혼례여 천지사방이 먼지의 꽃이 피어
먼지의 잔치 사흘 밤낮
치러져도 하얀 웨딩드레스 입은 그녀, 목련같이 옷을 입고 무덤가에 진달래 같은 신을 신은 봄 혼례여 혼례여

우리는 무덤에 대고 맹세한다
우리는 무덤에 엎드려 맹세한다

모든 맹세는 무덤인 것을.

–「봄 혼례」 부분

시의 화자는 문맥상 이미 죽었는데도 마치 살아 있듯(죽음이 받아들이지 않고 뱉어낸 듯) 모든 사실을 인지하고 있다. 죽은 자신의 그녀는 상복을 벗어 던지고 다시 황사의 사내가 오는 날 그와 혼례를 치르고자 한다. "그녀는 시이고, 하얀 별이고, 사람 여자이고, 우주 여자"이기에 이 혼례는 황사 속에서도 치러지는, 치러져야 하는 시의 혼례라고 말할 수 있다. 그러기에 하얀 별은 "내 무덤 앞에서 상복을 벗어던지고" 황사의 사내를 사랑할 수 있게 된다. 무덤이란 죽은 자가 잠들어 있는 곳이 아니라 생명이 시작되는 지점임을 그녀의 혼례로 알게 된다. 그런 '우리'는 마침내 무덤을 향해 맹

세하게 된다. 죽은 자는 그녀에 의해 살아 있는 자가 된다. 각각의 시설은 다른 제목 아래 이야기를 끌고 가지만 그녀, 하얀 별에서 출발해서 다시 하얀 별로 되돌아오는 우로보로스와 한 몸임을 알게 된다. 결국, 이야기 속으로 들어갈수록 말이 부글부글 끓어오르는 언어의 용암 속으로 빠져들고 있는지도 모른다.

> 가을 혼례는 그녀의 장례였다, 그녀는 상복 입고 날마다 제 장례를 치른다. 내 묫자리를 위로하던 그 사내의 손이 그녀 묫자리를 만들었다, 그녀는 제 무덤을 그리며 산다! 가을 장례는 국화의 혼례 국화를 보러 사람들이 거리를 흘러 다닌다. 모두 노랗게 핀 얼굴을 하고 하얗게 핀 얼굴을 하고 한 곳으로만 몰려다닌다. 그녀를 위해 내가 쓴 시, 그녀에게 바친 화환이 모두 장례식장에 모여 있다.
>
> –「가을 혼례」 부분

가을에 떨어진 꽃처럼 그녀는 무덤 속에 들었다. 그러나 그녀에게 장례는 곧 혼례이므로 죽은 그녀는 다시 태어날 무덤을 그리며 산다. 「가을 혼례」의 무대를 우주로 확대해보자. 우주에서 정지해 있는 것은 아무것도 없다. 무서운 속도로 별들은 서로 달아나면서 팽창하고 있다. (미국 과학 포털 픽스오그에 발표된 새로운 학설에 의하면 수십억 년 내에 우주는 수축하기 시작해서 대함몰을 초래한다고 한다.) 그 많은 인간의 질문으로 가득한 밤하늘, 다섯 편의 시설 또한 존재론적 차원으로 확대할 때 그 의미의 지평이 뚜렷하게 드러난다. 그것들은 기존의 시에 익숙한 상징적 문법과는 상당히 다르다. 마치도 달콤하고 따스한 이부자리를 걷어내고 거기 누워 있는 해골바가지들을 똑바로 바라보라는 듯 반복되는 죽음의 춤은 독자에겐 가혹하기까지 하다. 잠시도 쉴 틈을 주지 않는다. 가을혼례는 그녀의 장례라고. 그녀는 날마다 자신의 장례를 치른다고. 그러니 이 세상은 마야가 아니냐고. 아직도 절망할 것이 남았느냐고.

무덤이 아름다울 수 있는 역설을 받아들이기 위해선 죽음을 하나의 순환 원리로 품고 있는 우주 주체적 시선으로 관찰자 시선을 확대해야만 한다. 그렇게 관점이 확산될 때 죽음은 또 다른 생명이 잉태되는 하나의 사건일 수 있다. 따라서 시설의 주인공들은 구체적인 사건을 살고 있는 과정의 인물들이기보다 보편자적인 성격을 띤다. 봄에 혼례를 치른 그녀는 가을에 장례를 치른다. 그러니까 봄에 핀 꽃은 봄에 지고 가을에 핀 꽃은 가을에 진다. 이 무슨 말인가. '산은 산이요 물은 물이라'는 어느 선승의 덕담인가? 그녀는 흘러가는 강물 아래 흐르지 않는 물 전체로서 늘 거기 있다. 그녀는 붉은 꽃이기도 하고 초록 잎이기도 하며 황금빛으로 피어난 가을 잎이기도 하다. 그녀는 아예 상복을 입고 날마다 장례를 치르고 있다. 혼례와 장례가 한 몸이기 때문이다.

이런 우주적 생리를 시로 표현할 수 있는 까닭은 시가 은유와 역설로 짜여진 언어구조여서다. 반복적으로 시인은 우주생과 인간생이 다르지 않다는 것을 말하고자 한다. 인간이 나고 살다가 죽고 다시 태어나듯 우주도 나고 살고 죽고 다시 태어나는 순환운동을 한다. 그러므로 우주신을 하느님, 부처님이라 불러도 좋다고 말한다. 무수한 죽음의 허물을 벗고 우주의 몸으로 거듭나기. 우주신

되기. (우주신으로 존재하기!) 그러기에 시설 속 꽃들은 피어남과 지는 것이 하나로 연결되어 있고 그사이를 통과하는 시간은 웜홀로 이어져 있다. 영겁의 우주 시간으로 보면 꽃이 피었다가 지는 것은 순간일 뿐이다. 그러나 시간 내의 존재인 개별자에게 영원이란 그냥 관념적으로만 감지될 뿐이다. 그의 시를 읽으면서 어슷비슷한 이야기라는 느낌을 받게 되는 까닭은 중심핵으로의 죽음의 악력이 너무 커서 인물들이 독자적으로 숨 쉴 틈이 없는 이유이기도 하다. 인물들이 만드는 풍성한 변주는 그가 의도하는 상징계 너머 실재의 얼굴을 보여주려는 의지에 의해 희생되어야 한다.

3. 언어의 그물로 건질 수 없는 이야기들

별이 수소나 헬륨으로 핵융합반응을 일으켜 일생 빛과 열을 발산시키듯 인간 또한 물질에 해당하는 색을 정신에너지인 빛으로 융합 반응하는 한에서만 인간으로의 필요조건을 만족시킨다고 하겠다. 이런 관점에서 시설은 인간으로서 피할 길 없는 문제를 파헤치고 있다. 그러나 인간은 화성에조차 아직 발을 디디지 못했다. 우주는 너무 커서 인간을 먼지처럼 허무하게 만들어버린다. 그래서 다시 무의식의 바다에 떠 있는 언어의 반짝임에 눈을 돌린다. 거기 처음 본 배, 시설이 있다. 우주의 장으로 끝없이 나아가는 시설 속 시간의 흐름은 일정한 규칙을 갖고 있다. 우주에도 계절이 있듯 그의 시에는 진달래가 피는 봄이 있고 가을이 있고 찬 바람이 불고 눈이 내린다. 봄과 상응하는 붉은 별의 이미지는 갈래머리 소녀의 등장으로 확인된다. 그녀는 하얀 강보에 싸여 우주의 바닷가로 흘러들었다. 그녀는 등대지기가 되고 싶어 하지만 자신이 고아라는 걸 알게 된다.

갈래머리 소녀는 등대별이 있는 바닷가를 헤매었다, 그 아버지 같은 사내를 찾아서 소녀는 등대지기가 되고 싶었는지 모른다. 그러나 고아별은 등대별이 되지 못한다, 뉘 집 문밖에 제가 버려진 까닭을 알기 전까지는. 하얀 강보에 싸여 바닷가에 흘러온 아기는 파도 같은 소녀가 되었건만 그 집 대문 밖을 떠나지 못한다.

—「詩魔 붉은 별」 부분

하얀 웨딩드레스 입은 그녀가 상복 입은 그녀가 되기까지, 제 무덤의 건반을 두드리던 묘지기 처녀가 무덤의 애무를 알기까지 오랜 세월이 걸리지 않는다. 단 하루일 수도 있다, 그녀 이야기는 하루의 이야기일 수도 있다. 그녀가 그녀를 장례 지내며 일생을 보낸 것이다.

—「하얀 별」 부분

하얀 별은 원래 붉은 별이었다, 그녀는 밤이면 성을 빠져나와 그 사내를 만나러 간다. 고아별 갈래머리 소녀가 되고 묘지기 처녀가 되고 웨딩드레스 입은 여자가 되고 상복 입은 여자가 되었건만 아직 하얀 별이 되지 못하였다. 그 붉은 별의 이야기는 하얀 별의 이야기 모든 이야기는 유전되는지 모른다.

—「하얀 별」 부분

솟아올랐다 무너지는 바다의 말을 들으면서 자라났고 고아별인 갈래머리 소녀는 누구나 그렇듯이 '축축한 육체의 물을 건너야' 했다. '그 육체를 담은 구두는 누구에게 빌려올 수도 없고 단지 자신의 발뿐이기에' 고향의 장례를 치르면서 혹은 도시의 장례를 치르면서 소녀는 성장해간다. '아버지를 찾았지만 그곳에 이미 아버지는 떠나고 없다. 그녀조차도 떠도느라 한 사내에게 머물지 못한다.' '되기'의 순환운동을 거듭하는 일은 멀리서 보면 한없이 아름다운 춤이지만 가까이 들여다보면 자식이 아버지를 잡아먹는 잔혹한 이야기며 이것이 우주의 역사라고 하겠다. 그러기에 이곳은 붉은 별이었다가 하얀 별이 되고 다시 검은 별이 되는 끝없는 되기의 장이라고 말해볼 수 있다. 한없이 가라앉은 죽음의 중력으로의 검은 별, 블랙홀은 끝없이 타오르는 빛의 상징인 하얀 별과 등이 맞닿아 있다. '검은 별'은 이미 그 단어 속에 역설을 포함하고 있으며 어둠을 통한 빛으로의 차원 변화를 통해 우주적 영성과 그 영성 안에서 새로운 차원으로 거듭난다. 자기를 찾아 떠나는 여행자처럼 하얀 별은 갈래머리 소녀인 붉은 별이 되고 다시 하얀 별로 빛을 한없이 나누어 주다가 마침내 검은 별로 일생을 끝낸다. 그러나 별의 죽음은 진정한 끝이 아니다.

그녀 병풍 뒤의 살해는 갈기갈기 찢기는 척살이었다. 살점 하나하나 찢긴 척살! 우주 암흑물질 척살! 검은 별의 척살! 아버지! 아버지 아버지에게 배운 데로 그를 살해했소, 우주 암흑의 아버지! 아버지 우주의 살해는 척살이었는가,

아버지! 아버지는 거덜난 몸 찢겨진 입으로 별을 퉤퉤 뱉는다, 아버지! 아버지는 장례 치르는가. 그녀는 그녀를 장례 치르는가, 그녀 병풍 뒤의 무덤은 문드러지기 시작했다. 그녀 무덤은 문드러진 적이 없었으나 문드러지고, 문드러져서 평묘처럼 방바닥처럼 되었다.

-「詩魔 검은 별」 부분

그녀 병풍은 접혀지고
그녀 관이 옮겨졌다.

그 합장(合葬) 병풍 속에 접혀지고

우주 장례는 우주 바깥으로
검은 돌상여를 떠메고 가는 것,

우리는 상여꾼으로 제가 저를 떠메고 간다.

-「詩魔 검은 별」 부분

무덤은 문드러져서 방바닥처럼 평평해졌다. 이제 그녀는 죽음의 블랙홀 속으로 사라졌다. 우주의 바깥, 우주의 장례는 무로 사라지는 것, 존재하는 것들은 모두 무로 사라질 것들로 제가 저 자신을 떠메고 가는 상여꾼임을 말하고 있다. 하얀 별의 죽음은 그렇게 끝났다. 그러나 그 모든 것은 끝난 것이 아니다. 하얀 별이 붉은 별이었고 검은 별이었다면 검은 별 너머 우주의 바깥조차 완전한 무일 수는 없다. 그곳으로 사라져간 죽음들이 있다면, 마침내 그곳으로 모두 사라져 갔다면, 여기 엄연히 존재하는 시의 하얀 별을 무엇이라 설명할 수 있겠는가. 그래서 하얀 별은 다시 돌아온다. 눈이 내린 깊은 겨울 하얀 눈밭에 도무지 생명의 기운이라고는 생길 것 같지 않은 날, 눈동자마저 하얀 눈의 아기가 태어난다. 악마인 검은 별에게 동공을 빼앗겼지만 그렇기 때문에 눈의 아기의 동굴은 세상에서 가장 깊을 수 있다. 그 하얀 아기는 악마인가, 악마이면서 천사인가. 언어상징의 시스템으로 채 작동하지 않는 부드러운 눈송이로 눈동자를 찌르면서 눈이 내린다.

게임은 게임을 신으로 삼는다; 묘비에서 울음이 들리는 게 아니라 비 밖에서 울음을 져 나르는 흰 눈동자가 있다. 악마에게 동공을 빼앗겨 그 흰 동굴은 세상에서 가장 깊다. 찬바람 불면 흰 눈 내리고 눈보라 속에서 돌아오는 악마가 보인다. 깃털의 가장 부드러운 눈송이가 눈을 찌르는 무기이다, 눈은 무기의 창이다

–「설동자(雪瞳子)」

보름달의 배후를 보다

여기 윤범모 시인에게 다가갈 수 있는 다섯 편의 시가 있다. 가을 꽃잎처럼 문득 밝아오거나 어둠에 반쯤 녹아있거나 풀썩 주저앉아 건져 올리면 그 몸의 체온이 식어버리는. 혹은 노을빛에 실려 난쟁이 나라로 떠나고 있는 작은 배, 그 배 안에 가득한 검은 활자의 승객들. 배에 올라타서 이런저런 사연들을 따라 흘러가다 보면 어디서 많이 본 듯한 한 사람을 만난다. 시의 배를 물결에 띄운 뱃사공에 대해 더 알고 싶어, '윤범모'라고 검색한다면 믿을 수 없을 만큼 두툼하게 쌓인 연구논문들과 저서를 통해 역량 있는 미술평론가인 그를 만날 수 있다. 그러나 2014년 가을을 다 태운 잎들이 눈발처럼 날리는 길 위에서 문득 저편에서 빙긋이 웃으며 걸어오는 그를 만나고 싶다면 그의 다섯 편의 시들을 활짝 펼쳐보는 것은 어떨까. 시에 그려진 이미지나 색채, 끌어들인 소재나 문제의식, 스쳐 가는 눈길 등등, 다섯 편의 시들은 서로에 대해 잘 모르는 듯 각자의 방식으로 말하지만 엇비슷해 보이기도 하며 모두 같은 방향을 향해 나아가고 있기도 하니까.

시인은 오늘이라는 무한한 시간의 축적으로 쌓아올린 어제들에서 도드라진 한 부분을 끊어내어 언어의 배를 빚어낸다. 「섬」, 「백의민족」, 「불구」, 「차 마시다 술 마시다」, 「보름달의 배후」에서 시인의 기억장인 시간의 강물은 결코 균질하지 않음을 말해준다. 어느 부분의 물살은 특별히 빠르기도 하고 소용돌이치며 더 푸른빛을 띠고 있어서 그 부분을 도려내어 다른 시의 배를 만들 수 있기도 하다. 이렇게 만들어진 다섯 척의 배를 노 저어가는 뱃사공은 윤범모 시인이지만 배를 물 위에 띄운 이후에는 시를 읽는 독자가 배의 사공이 되기도 한다. 그러기에 첫 번째 출발시킨 배가 있을 수 있고 마지막 출발시킨 배가 있으며 각자의 읽기 방식으로 상상의 재배치가 가능하지 않을까. 그 배치에 따라 그를 읽어낼 수 있는 이야기가 새롭게 만들어질 것이고 이야기의 징검다리는 다시금 또 다른 의미를 엮어가며 풍성한 물살을 이루리란 생각을 갖게 한다.

윤범모 시인에게 쉽게 다가갈 수 있는 코드는 미술평론가다. 미술 쪽의 귀중한 논문과 저서들에 비해 2008년 등단한 시인이라는 이력은 시의 몸이 어린잎들로 흔들리는 나무이겠다는 생각을 하게 한다. 그러나 1988년 시집 『불법체류자』(열화당, 1988)를 간행한 사실로 짐작해보면 시인으로의 지층 또한 그리 얄팍하지 않음을 알 수 있다. 오랜 시간이 흐르면서 그 흐름이 시인이라는 꼭짓점으로 응집되었다는 것은 그만큼 그의 내면이 미술평론가면서도 시인으로의 깊이와 그에 상응하는 넓이를 확장해왔음을 말하고 있지 않을까. 등단 이후『노을 氏, 안녕!』(시학, 2009),『멀고 먼 해우소』(시학, 2011)의 발간을 통해 종합하고 분석하며 의미화하는 미술평론가로의 작업이 감성의 고임, 분출의 과정을 통해 비규정의 언어들, 논리의 갑옷을 입기 이전 시의 집을 지어내고 있다. 저녁 항구에 반짝이는 다섯 척의 배는 2014년이 저물어가는 저 너머로 나아가고 있다.

1. 기억의 나라엔 처음 바다가 있었다

물방울을 따라 여행을 떠나보자. 그 도착지점이 과연 바다일까. 바다 위 구름일까. 아니면 끝없이 돌고 도는 목마일까. 멈출 줄 모르는 시간의 바퀴는 그 끝이 열려 있다고 해야 하나, 닫혔다고 할까. 확실한 것은 지금 내 안의 물방울(리비도)들이 강물로, 바다로 흘러들고 싶어 하는 것, 그래서 오늘도 물방울들로 한 편의 시를 만들고 누군가가 띄운 물의 배에 몸을 실어본다. 윤범모 시인의 시들은 어떤 물방울들의 배합으로 만들어졌으며 기억의 나라 어디까지 실어다 줄 수 있을까. 다섯 편의 시로 여행을 출발할 때 관점에 따라 시들의 배치가 달라지겠지만 그의 시에 있어 최초의 문이며 징검다리인「섬」에서 시작할 수도 있을 것이다. 다섯 편의 시에서 줄곧 그는 인간인 나는 어디로 가는지를 묻고 있다. 그는 늘 자신이 속한 공동체를 인식한다. 그 안에서 스스로의 존재 방식을 알고 싶어서 자신 안에 쌓인 기억의 산을 오르고 올라간다. 산꼭대기가 있어 그곳에 이르렀다면 그가 본 것은 무엇이었을까. 그가 만난 것의 모양, 색깔, 질량감, 촉감 등등을 어떻게 종이, 하늘에 새겨놓았을까?

섬은 파도소리 장단 맞춰
제 몸 뚫어 바늘 하나씩 키운다
소나무 숲은 날로 무성해지고 있다

파도는 계속 몰려 와
항상 눈 떠 있으라고
소나무 바늘을 키우고 있다

섬
백척간두에 서 있다
나는 파도가 뭔지도 모르면서
그 언저리에서 서성거리고 있는데

—「섬」 부분

「섬」은 시간의 흐름을 이해할 수 있는 개체의 출현을 상징적으로 말하고 있다. 바다는 그 속성이 텅 비었음으로 인해, 비로소 섬을 만들 수 있다. 없음에서 있음이 생성되는 원리는 어찌 보면 비논리적인 것 같지만 없음만이 있음을 배태할 수 있다. 또한 바다에 의해 만들어진 섬의 내부엔 바다(시간)의 텅 빈 형식이 내재하므로 바람을 불러올 수 있고 깨어난 바다는 밀물과 썰물로 비로소 숨을 쉰다. 시간의 바다에 떠 있는 섬인 인간은 자신이 떠나온 바다의 박동 소리를 기억한다. 무수한 파도가 밀려갔다 밀려오는 속에서 물방울들이 고이고 고인 방식에 따라 조금씩 다른 형질로 만들어진다. 쉼 없는 파도는 누군가의 붓질을 닮았다. 파도 소리를 듣고 또 듣다 보면 소리의 에너지가 응결되듯 몸속에 뾰족한 바늘 하나가 자라난다. 바늘은 무성해지고 마침내 바람으로 노래 부르는 소나무 숲을 이뤄 그 잎, 잎마다 파도 소리에 뒤섞이거나 햇살의 열매를 맺는다. 이 생명의 운동방식은 멈추지 않는 수레바퀴이기도 하지만 개별자인 인간의 시선에서 보면 바늘 하나가 돋아날 때도 그 찔림에 아파하고 아픔들이 파도 소리에 맞서 더 크게 눈을 뜨고 팔을 벌린다. 따라서 존재를 떠받친 잠재적 공간인 외로움(텅 빔)은 운명의 형식이며 인간은 텅 빈 미래의 시간 앞에 지나온 과거의 흐름을 안고 서 있다.

2. 인간은 혼자면서 혼자가 아니다

인간은 매 순간 절벽 위에서 뛰어내림을 통해 자신의 존재를 확인하며 거듭난 자아는 타자와 더불어 살아가야 하는 역사의 장에 놓여진다. 일정한 시간의 마디 속에서 겪어낸 사건들이 그의 내면에 새겨지고 그 주름의 구비는 한 형제자매라는 가족공동체의 확장인 민족공동체를 이뤄낸다. 그들은 크고 작은 구비들을 살아내면서 문화를 공유하고 기쁨과 슬픔을 나누며 선명한 색깔과 상처로 내부를 형성해간다. 오천여 년을 함께 하며 우리 속에 흐르는 한민족이라는 피는 쉽게 벗어날 수 없는 자신의 정체성이며 지나간 과거만이 아니라 오래된 미래로 작동하고 있다. 때로 치부와도 같은 슬픈 역사는 긴 시간 외세의 침입에 시달리며 DNA처럼 한민족으로의 특성을 만들어냈다. 그들은 피를 부르며 싸우기보다 평화를 위해 에둘러가는 지난한 길을 선택함으로써 작은 생명조차 소중히 여기는 심성을 나눠 가졌다. 한이 깊을수록 포기를 모르는 끈기와 은근의 정신이 오히려 그 많은 전쟁 속에서 나라를 지켜낼 수 있는 지혜를 일궈낸 게 아닐까.

국가기관에서 한국인의 색채선호 조사를 했다
한국인이 가장 좋아하는 색깔은?
백색
땡, 틀렸다

백의민족은 교과서에서나 나오는 말
오늘의 한국인이 가장 좋아하는 색깔
바로 파랑이다

도시의 번화가에서 행인을 바라본다
하얀 옷 입은 사람 정말 보기 어렵구나

조그만 짐차가 지나간다
하얀색 바탕에 써 있는 당당한 상호
저 혼자만 찬란하다

백의민족 세탁소

—「백의민족」 부분

'백의민족'은 한민족 오천 년을 집약시킨 상징어로 작동한다. 왜 흰색일까? 우선 흰색이라는 의미의 층위에 접근하기 위해 여러 방법론이 가능하다. 색채를 통해 존재론에 접근하는 여러 관점 가운데 동양의 오행론적 시각에 의하면 백색은 오행 가운데 금(金)으로 서쪽에 해당하고 결백과 진실, 삶, 순결을 나타내며 계절로는 가을을 뜻한다. 즉, 어떤 색에도 물들지 않는 맑은 마음이며 더 넓게는 탄생 또는 시작 이전의 무(無)의 상태를 말하고 색깔에 대한 근본으로써 영원성의 회귀를 의미하기도 한다. 하나의 공동체를 형성하며 오천여 년을 함께 살아온 한민족이 가장 좋아했던 색깔은 백색이었지만 특별한 변화에 주목할 필요가 있다. 시인이 말하기를 21세기에 이르러 한국인이 좋아하는 색은 청색으로 조사되었다는 점이다. 색을 사물의 부차적인 요소가 아니라 존재 자체의 속성으로 보는 메를로퐁티의 "세계는 빈틈없는 덩어리, 즉 색의 유기적 조직이다"라는 말처럼 꿈을 꿀 때조차 대상에서 색을 분리해낼 수 없다. 사물을 생각할 때 이미 색이 대상 자체로 녹아있는 것이다. 우리 민족이 백색을 좋아했다는 것은 색의 바탕으로 작용하는 공(空)이 백색으로 상징된다는 점에 대해 생각하게 한다. 백색을 좋아함에 그치지 않고 숭상해온 한민족은 자연의 순환에 순응하며 이 땅의 완만한 산이나 들판처럼 소박하고 고졸한 미를 내적인 심품으로 일궈왔다. 이러한 논리를 대입해본다면 한민족이 현대에 이르러 좋아하는 색깔이 변했다는 것은 현대에 있어 물질의 범람이 얼마나 강력했는지를 말해준다. 이것은 외부적인 원인 외에 인간 내부에서도 균열이 시작되었다는 것을 생각하게 한다.

3. 불구의 시간을 살다

인간은 자신 안에 타자를 품고 있다. 자기 내부에 들어온 통제되지 않는 타자, 인간은 자연의 한 부분이지만 자연을 대상으로 싸워야 하며 마침내 이성으로는 받아들일 수 없는 죽음이라는 타자성에 의해 무릎을 꿇는다. 그러기에 죽음을 길들이며 그 의미를 순간마다 부여해야 한다. 죽음이라는 타자성 외에 통제되지 않는 폭력성이 때론 삶의 과정 속에서 일어나기도 한다. 스스로에게 타자라는 듯 인간은 전쟁을 일으키고 대량 학살을 자행하며 같은 형제끼리 총구를 겨눈다. 인간 스스로 피해자와 가해자의 자리를 바꾸면서 살아온 역사라고 하겠다. 한민족 또한 이런 일련의 과정에서 깊게 패인 상처를 안고 있으며 그 상처엔 아직 핏물이 배어 있다. 가장 가까이는 민족 동란인 6 · 25사변을 들 수 있으며 600만의 동포가 죽어간 비극 속에서 우리 민족은 아직도 불구로 살아가고 있다. 바로 그 절단면에서 흘러나오는 피의 절규가 백색을 선호하기보다는 파란색을 갈망하는 이유 중 하나로 작용하는 것이 아닐까.

> 철교 위를 멀쩡하게 걸었지만
> 강을 건너기도 전에 발걸음을 멈춰야했다
> 폭격으로 끊겨진 다리
> 더 이상 진전이 없는 다리
>
> 전쟁은 압록강을 불구로 만들었다
> 반세기가 훌쩍 넘어도 아직 불치의 병인가

이국에 와서 나는 절뚝거리는 불구가 되었다

내 다리 내 놓아라
빗자루 귀신아
달걀 귀신아

―「불구」 전문

인간이 맞닥뜨릴 수밖에 없는 비극들 앞에서 백의민족은 이제 흰색보다는 파란색을 좋아하게 된 것이다. 21세기 한민족이 처한 상황 속에서 자신을 치유할 수 있는 색이며 현재의 불균형을 중심 잡을 수 있는 색이 파랑임을 직감한 것일까. 청색은 오행 가운데 목(木)으로서 동쪽에 해당하며 만물이 생성하는 봄의 색이며 태양이 솟는 곳으로 창조, 신생, 생식을 상징하며 기운이 가장 강한 곳을 의미한다. 청색의 사용 의미는 현재의 모습을 유지하기 위한 수극적인 기원이 아니라 더 넓고 높은 영원한 차원에 도달하기 위한 발원이며 의지의 표현이라고 할 수 있다. '다리'의 이중적 의미는 절단된 내 나라가 결국 절뚝거리는 내 몸이란 인식을 보여준다. 다리 병신인 현주소 속 시인은 어떤 치유 방법으로 온전한 삶을 살아갈 수 있을까. 시인은 자신이 개체로서 출발했던 무한한 시간의 출렁임을 떠올린다. 물질세계 너머 혹은 그 배후, 물질을 지탱하고 있는 텅 빈 허공의 존재 방식을 찾아내고자 한다.

4. 지리산에 들다

상처받으면 짐승조차 동굴 깊이 숨어 상처가 아물기를 기다린다. 시인은 때 묻은 세월의 앙금이 부끄러워 지리산에 든다. 거기서 온갖 비바람을 자기 몸에 새긴 차 한 잔을 마신다. 마치도 세상을 등진 방랑객처럼 산의 품에 안겨 자연의 응결체인 이슬방울 차를 마신다. 그러나 그것만으로는 찌든 때를 씻어낼 수 없어 술을 마시며 잊고자 한다. 파도 소리가 밀물썰물밀물썰물 차곡차곡곡차곡차 쌓이듯이 차 한 잔에 씻기고 술에 취한다. 어느 순간 지리산이 있던 자리에 지리산은 없고 텅 빈 자신의 맨얼굴이 나타난다. 시인은 산과 함께 차를 마시고 술에 취하며 잊었던 오랜 벗을 불러내듯 회포를 푼다. 그런데 함께 대작하던 산이 문득 사라졌다. 대상이 비고 그 자리엔 나인 듯 너인 듯 생명의 박동 소리가 들려오지 않는가. 시인은 잠시 술기운을 빌어서라도 크게 한 번 자연과 놀아보고 싶다. 그렇게라도 잃어버린 자신의 완전체를 회복하고 싶다. 지리산아, 어디로 도망갔느냐? 개 누구 없느냐? 지리산을 불러들여라.

차 마시다
술 마시다

곡차 곡차
차곡 차곡

차 마시고 술 마시고

차곡차곡

오지랖 넓은 지리산 슬며시 사라지네

대작하던 지리산아

어디로 도망갔느냐

저 놈을 대령하렸다!

—「차 마시다 술 마시다」 부분

떠나온 그곳으로 돌아갈 수 있을까. 지리산 구비에 깃들어 차를 마심으로 혹은 술을 마심으로 다시 떠나온 그곳으로 돌아갈 수 있는 것은 아니다. 인간이라는 개체들은 그 전개 방향이 너무나 다양하게 갈래지어졌으며 그 결과를 예측하는 게 이제는 불가능하다. 개체들은 첫 출발지점에서부터 끝없이 반복되는 리비도의 축적으로 여기 존재하게 되었지만 서로 얽혀들고 분할되는 생명의 전개방식과 그 결과는 인간의 이성적 판단을 넘어서 있다. 따라서 개체들의 진화방식이 생명성이 풍요로운 그런 세계를 도래한다고 예상할 수는 없다. 인간을 뭐라고 설명하기가 쉬운 일이 아니다. 인류는 자연의 파괴에 앞서 스스로의 폭력성으로 자멸할지도 모른다. 어떤 방향성이 있는 것이 아니며 본질주의적인 시각을 신뢰할 수 있는 것도 아니다. 어쩌면 시인의 호기처럼 술에 취해 자연과 노는 것이 가장 삶의 충실한 자세일지 모른다. 지리산아, 말해보아라. 인간은 네 앞에서 어떤 존재이고 어떻게 살아야 하는지를.

5. 보름달이 차오르다

잃어버린 전설처럼 보름달이 떠오른다. 은입사의 길을 따라 사람들은 떠나온 고향을 생각하는 걸까. 둥근 달이 뜨면 저마다 기억났다는 듯 소원을 빈다. 그러나 밀물이 썰물이 교차하듯, 보름달이 그믐달로 몸을 바꾸듯 이 모든 시간의 여행에서 깨어 있던 시인은 빛나는 것들의 숨겨진 배후를 알고 있다. 그 과정을 깊이 몸에 새겨 아직 상처가 아물지 않았으며 스스로가 불구라는 인식을 하고 있기에 그리 쉽게 보름달에게 소원을 빌 수 없다. 그러나 흠 하나 없이 하얀 과육이 흘러들어 평화와 풍요를 다시금 약속해주는 달을 앞에 두고 시인 역시 반강제적으로 소원을 빌게 된다. '인류평화' 너무 거창하다고 핀잔을 받았지만 시인이 보름달을 향한 첫 번째 소원인 인류의 평화는 오히려 진실하며 간절한 그의 바램이 아니었을까.

달아, 둥근 달아,
이태백 선배는 아직도 술병 들고 풍류를 즐기고 있느냐
오늘밤은 나만이라도 보름달 그대를 편하게 해주고싶구나
그래, 오늘 밤, 나의 소원은 없다!

그러고 보니 이제 알겠다
그대의 깊은 뜻을
욕망덩어리들의 소원을 다 들어주다가는 중병 앓을 것 같아
반쪽만 보여주며 상대하고 있는 이유를

독식(獨食)꾸러기들의 꼬락서니가 보기 싫어

그대의 배후를 숨기고 있는 이유를

달아, 결코 그대의 알몸을 다 보여주지 말라

이것이 소원이라면 나의 소원이다

—「보름달의 배후」 부분

달의 몰락, 누구도 달을 보고 소원을 말하지 않는다. 이미 자연은 인간의 친구가 될 수 없기 때문이다. 자연을 강탈하고 유린하고 파괴한 인간들이 유독 정월 대보름날이면 부적처럼 바라볼 뿐이다. 자연을 친구로 대하는 현대인은 이제 없다. 달빛 호수 속으로 빠져든 이태백이나 백수광부는 그냥 옛사람일 뿐이다. 풍덩 몸을 담그듯 너나없이 소원을 말한다는 것이 연례행사가 되어버린 사실이 새삼 달에게 미안할 뿐이다. 자연을 난도질하고 불구로 만든 인간이 또 무엇을 달라고 매달리고 더구나 누구보다 먼저 내 소원을 들어날라고 빌어대는 욕심이 염치가 없는 것이다. 그래서 시인은 오늘 밤만은 그 어떤 소원조차 없다고 보름달에게 말한다. 그렇게 스스로의 욕심을 내려놓으니 보름달이 말을 걸어오는 것이다. 일 년에 한 번 빛의 입자들이 덩어리로 꽃핀 날, 환한 빛의 꽃송이리가 말을 걸어온다. 그래서 시인은 보름달 둥근 꽃이 날마다 피지 않는 이유와 꽃이 떨어져 사라지는 이유를 알 것도 같다. 떠나온 고향의 홀로그램을 보듯 보름달을 바라보며 취해온다. 그때 달빛이 깜박이며 친구하게 하듯 인사를 보낸다.

몸을 살다

「꽃 터진다 도망가자」 외 아홉 편의 시로 등단(『현대시학』, 1999)한 손현숙 시인은 『너를 훔친다』(문학사상사, 2002), 『손』(문학세계사, 2011)의 시집 속 시들을 주름진 시의 바다에 밀물과 썰물로 풀어놓고 있다. 2014년 9월 문득 다섯 편의 시가 새로 띄워지는 잔치에 초대받았다. 다섯 개의 꽃들이 붉거나 여린 꽃잎을 펼치고 바다 깊숙이 나아가는 동안 그 시를 낳은 그녀의 속살을 보았다고 할까. 겹겹으로 열리는 파동에 함께 떨렸다고 할까. 미끈하고 강렬하고 뜨거운 만큼 어둡고 비정형이어서 그 끝을 알 수 없는 시의 목소리는 어디선가 많이 들어본 듯도 하다. 공명하는 시들은 지금 여기 그녀만의 모양과 색깔, 향기를 뿜고 있다. 시가 피어나는 시간에 함께 머문 것만으로 그녀 시의 주제라 할 수 있는 '몸'이 뫼비우스의 띠처럼 얽힌 몸통을 만져보았다고 할까. 만남으로 교차하는 지금 여기가 융기하면서 그녀 시를 읽는 익명의 사람은 다시 한번 존재라는 수직의 시간 속에서 피어날 수 있는 게 아닐까.

「너는 왜 내게 등을 보이니?」, 「엄마, 부르지 마!」, 「색계」, 「매혹」, 「애인들」의 다섯 편의 시를 순서대로 갈아타면서 그녀 시가 열어 보이는 망망한 바다로 나아가면 나와 너의 경계가 흐려져서 살아 있는 이곳이 매시간 서로 다른 색깔의 리듬으로 꿈틀거리는 유기체라는 상상을 해볼 수 있다. 그 파동의 결이 도드라지며 몸속으로 스며들 것 같다. 하늘이 더 멀어지고 불어오는 바람을 쓰다듬는 손은 이미 나의 밖(대상)에 있다. 몸이 열려 더 큰 몸과 교섭한다고 할까. 아니 몸을 느낄 수 없다고 해야 할까. 자, 그녀 시를 최대한 원문 그대로 살려내기 위해 성능이 좋은 현미경이나 망원경이 필요할 것 같다. 둔감한 나의 감각은, 특히나 흐릿한 나의 시각은 메를로 퐁티가 말한 '고유한 몸'의 사유 방식인 '몸의 지각', '살', '봄'의 현미경을 도움받아 그녀 시를 만나는 감각이 열 배, 스무 배 예민해지길 바란다.

메를로 퐁티의 몸철학을 들여다보면 불가에서 깨달음의 한 방식으로 수행하는 참선의 과정과 흡사한 점이 많다. 물론 많은 재고의 여지가 있겠지만 선에서도 그가 말하듯 육체와 정신, 본능과 이성의 이분법적 사고를 괄호 밖으로 던져버린다. 그러므로 지금 여기 살아 있는 몸이 출발점이며 도착점이다. 선의 깨달음은 현 상황 속의 몸에서 출발하여 세계의 몸으로 열려가며 새로운 시간과 공간을 뿜어 올리는 살아 있는 몸을 지향한다. 개인의 이성, 정신조차 몸에서 솟아오른 온몸의 한 부분으로 보기에 엄밀한 의미에서 주체와 대상 간의 구분이란 이성이 만들어낸 결과물일 뿐이다. 몸은 보여진다는 의미에선 사물이면서 스스로 보는 주체이기에 지향성을 가진다. 그의 철학적 주제라 할 수 있는 '몸'을 선의 화두인 '도'로 바꿔 시를 읽어보면 어느 부분에선 더 친근하게 그녀의 문제의식에 다가갈 수 있을 것도 같다.

선가에선 심우시를 깨달음의 과정으로 삼아 도에 이를 수 있는 방법론을 열어놓고 있다. 도의 발자국을 보고 마침내 도와 하나가 되고 그런 도마저 놓아버리고 마지막엔 도인 줄도 모른 채 시장통 속에서 일상의 춤을 추는 깨우친 자의 자세랄까. 세계와 내가 서로 떨리는 파동의 간섭작용에 의해 온전한 몸을 열어가는 길은 그 첫 번째 추동원이 감각작용이라고 할 수 있다. 지금의 나는 지나간 나의 몸들이 축적된 결과이며 그런 경험들이 체화되어 두툼한 몸은 내면을 갖게 된다. 그런 점에서 미세한 떨림으로 서로에게 간섭하고 이 작동에 몸을 여는 정도에 따라 살아 있는 몸이 된다. 바로 이런 간략한 현미경 작용법을 그녀의 시에 대입해보면 그녀의 시 다섯 편은 떨리는 감각의 노를 저어 온몸이라는 바다에 닿아 가장 환하게 피어나려는 꽃으로 보인다. 그러기에 다섯 편의 시는 한 편의 소설처럼 발단과 절정을 가지면서 열린 결말로 휘어져간다. 그녀의 시 속에서 몸주체는 말하는 주체가 되어 자신의 온전한 자아(몸)를 찾고자 한다. 그렇다면 한 편의 시로 교직된 언어열매 속에서 도를 찾아가는 깨달음의 자아를 읽어낼 수 있지 않을까.

1. 발자국을 보다

그녀는 감각적인 욕망의 소리를 듣는데 충실하다. 그 소리는 그녀 안의 사회적 인간을 벗어버리고 애써 삶의 비탈길을 찾아 발을 들여놓게 한다. 몸의 저 밑바닥에서 울려나는 소리를 거부할 수 없기 때문이다. 그러기에 그녀의 시는 이성으로 길들여지지 않는 광기와 공포를 대면하는 것에서 출발한다. 원초적 감정의 폭발 역시 그녀의 몸 안쪽에서 숨 쉬는 심장의 고동이기 때문이다. 낙엽으로 지워진 길은 마치 그녀 몸의 중심으로 이어진 길처럼 흐릿하다. 산은 그녀 몸의 등고선을 이뤄 점점 더 높이(깊게) 오를수록 자칫 중심을 잃기도 한다. 감각적 욕망은 본능적인 원시성으로 회기하려는 추동력을 지니고 있기에 주체와 대상이 분리되기 이전 온전한 생명성을 지향한다. 그래서 그녀는 인간 사회가 금지시킨 팻말을 무시하고 생명의 소리를 듣기 위해 그녀 몸의 안쪽으로 솟은 자연과의 대화를 시작한다.

바람이 나뭇가지를 들어 허공을 회초리 칠 때
왼발이 중심을 아찔, 엎지른다
호신용 내 등산 스틱이
다급하게 산을 깨운다
산등을 찌르려는 것은 아니었다
허둥지둥 공기를 찢고 낙엽을 흩으며
벼랑길로 도망치는 고라니 새끼
나는 저를 겨냥 한 적 없는데
등이 슬픈 목숨이 뛴다
본능이 끌고가는 시퍼런 맹렬

목숨을 튀기며 사라지는 발자국이다

저도 모르게 갈겼던 애인의 귀싸대기처럼

달아나는 짐승의 내장 같은 공포

—「너는 왜 내게 등을 보이니?」 부분

시의 공간엔 산이 펼쳐지고 그 속에 그녀가 있고 고라니가 있고 낙엽이, 바람이 있다. 퍼져나가는 생명의 등고선은 마치 산 전체가 살아있는 생명체라는 생각을 하게 한다. 그런 산속에서 그녀의 발은 조심스럽다. 산의 몸이 그녀에 앞서 거기 있기 때문이다. 그러기에 중심을 잃는 순간 스틱이 산의 등을 찔렀다고 생각한다. 그 소리에 고라니 새끼가 다급하게 달아나고 그 모습에서 입산금지 팻말을 무시하고 산에 발을 들인 이유를 알게 된다. 그녀는 그녀 안의 활활 타는 불꽃을 만나고 싶었다. 그래서 깊이 발을 들여놓을수록 스스로에게 다가가 말을 건다. 그녀는 도망치는 고라니 새끼가 된 듯 목숨 있는 것들의 슬픈 뒷모습을 바라본다. 어지럽게 널린 발자국엔 달아나는 목숨의 흔적이 묻어 있다. 맹렬하게 튀는 본능을 바라보면서 이성적인 통합 존재이기도 한 그녀는 그 모든 것을 끌어안을 수 있다는 듯 지켜봄이 뜨겁다.

몸이 처한 세계 속의 상황 때문에 그녀는 하나의 관점을 갖게 된다. 따라서 사진을 전공한 사진작가로서 봄의 지각에 유난히 민감한 이유 또한 몸에서 출발한 그녀만의 시적 미학과 연관되어 있다고 볼 수 있다. 그녀는 시퍼런 욕망 자체가 될 수 없는 인간의 언어를 가졌지만 그 언어의 한계를 넘어서는 상상력을 발동하는 존재다. 그러기에 이성적 인간 자체로만 있다면 어떤 시간의 수직적 상승도 일어나지 않을 것이다. 감각과 감정, 이성의 교섭이 일어나지 않으면 어떤 꽃도 피워낼 수 없다. 타자의 몸이 나의 몸속에서 녹아들며 생명이 태어나는 기적처럼 예술작품의 탄생은 세계가 또 다른 자신의 살을 떼어내어 거기 생명의 입김을 불어넣는 과정이기 때문이다. 그래서 그녀는 그런 몸을 스스로 엄마가 되어 키워낸다.

2. 아이를 키우다

별들도 배가 고파 어둠을 부풀리는 밤, 그녀는 그녀 안에 아이를 키운다. 대상이란 바로 자신의 내면에서부터 외화한 몸이기에 세계는 어둠이 깊을수록 별이 또렷하게 살아난다. 그녀가 기르는 아이는 그녀의 몸 안에서 시작되었으므로 명백히 타자라고 할 수 없다. 그렇다면 그녀 자신을 떠머으라고 몸을 내줄 수 없을 것이다. 자기 안에서 솟아나는 또 다른 나는 앞선 시간의 자신을 스스로 육화하면서 커나간다. 그러기에 아이와 엄마 사이에 분명한 선을 긋기가 어렵다. 그렇게 시간이 흘러가면서 퍼져나간 몸 밖의 존재들을 타자라는 이름으로 규정할 수 없게 된다. 내면은 시간의 흐름에 의해 두 개, 또는 세 개의 자신으로 솟아나듯 피어난다. 시간의 지층이 축적된 몸을 엄마라 한다면 엄마는 아이를 잘 자라게 함으로써 자신이 존재해야 하는 의미를 알 수 있다. 결국 시간이 흘러간다는 건 허물처럼 지나간 나를 벗어버리고 더 여린 감각의 살을 지닌 너를 잘 키워내는 것, 그렇게 과거의 나는 현재의 나에게 깊숙이 삽입되고 몸은 새로운 몸으로 태어난다.

> 버섯처럼 불쑥 숟가락 내밀어 나를 퍼 먹으렴
> 밤에도 창문 꼭꼭 닫아걸고
> 이파리를 활짝 광합성 하더니
> 네 그림자,
> 너보다 키가 훌쩍 자라버렸네
> 뿌리처럼 네 발밑에 납작 엎드렸잖아
> 밤이슬에 발 젖으면 슬퍼진다고
> 퉁퉁 불어 발뒤꿈치 사라진 후에야 들어먹을래?
> 글자가 눈에 심어지기도 전
> 동화책을 너무 많이 들려줬나봐
> 팅커벨은 처음부터 몸통 없는 귀신
> 너는 발밑 그림자 뗄 속셈으로
> 도둑고양이처럼 살금살금 담을 넘겠지만
> 오늘의 요리는 내 심장의 고동
> 말랑하고 뜨거울 때 치즈처럼 늘려서
>
> —「엄마, 부르지 마!」 부분

아이는 글자가 눈에 심어지기도 전 동화책을 너무 많이 들어 어른아이가 되어버렸다. 몸통이 없는 것은 아무리 팅커벨이어도 귀신임을 알고 있는 아이, 인간의 몸엔 그림자가 따라다닌다는 것을, 아니 몸의 뿌리는 그림자라는 것을 너무 일찍 알아버린 아이에게 엄마는 젖을 물린다. 아이야, 몸이란 알 수 없는 그림자가 자기의 키보다 더 크게 자라나는 거란다. 엄마는 그런 네가 잘 클 수 있게 심장의 고동소리를 한 입 가득 먹여주지. 엄마의 고동소리를 말랑하고 뜨거울 때 치즈처럼 늘려 한 입 가득 먹고 엄마라고 부르지도 말아라. 제 살을 떼어 아이에게 먹이는 그것이 그녀에겐 한 줄의 시를 쓰는 일이기에 시는 둘로 나눠지기 전의 하나됨의 살아있음이라고 할 수 있다. 실상 나에게 나를 먹이는 이 행위에 의해 대상과 내가 하나가 되어간다. 뭐라 이름붙일 수 없이 서로 엇섞여 있는 살과 살의 교직을 그녀의 몸 안에서 발견하고 몸의 본능대로 자신의 살을 떼어 먹으면서 스스로를 키워나간다.

3. 떨리는 중심에 서다

그녀는 몸을 넘어서는 형이상학을 인정하지 않는다. 메를로 퐁티의 '신체성'에서 살펴볼 수 있는 것처럼 신체성 자체를 절대화하면서 몸이 경험하는 가장 떨리는 순간에 집중한다. 인간이 잃어버린 많은 감각에도 불구하고 성은 마지막 보루처럼 남겨져 있다. 그녀에게 성은 인간이 온전한 인간으로 돌아올 수 있는 텅 빈 중심점으로의 역할을 한다. 성의 감각은 가장 내밀하기에 이 예민한 경험에서부터 생명이 탄생하는 과정을 엿볼 수 있다. 인간이 이성의 틀 너머의 존재임을 알 수 있는 원초적 기능이 바로 성이기에 성은 상승의 에너지와 하강의 에너지가 충돌하면서 그 너머를 지향한다. 이성의 투명하고 편편한 평지가 바로 한 발짝 앞에 있지만 그녀는 그 위로 발을 내딛기를 미룬다. 서로의 살을 나누는 색계로 들어서는 비탈엔 꽃이 피어있고 짐승의 으르렁거리는 소리가 들린다. 바로 이 지점은 이성이나 상상력, 언어로 분리되었던 인간의 에너지가 오로지 하나로 모여지는 지점이기도 하다. 이곳에 이르면 몸의 블랙홀에 이른 듯 오직 한 가지 감각인 본능에 집중된다.

환청인 듯 자욱한 비명이다
비탈에 꽃, 으르렁거리는 짐승 소리
가다 말고 앞섶 헤치고
등을 눕혔다
하늘에 기대 오직 한 가지만을
생각하는 시간
여자는 신음으로
허공을 할퀸다
폐부를 돌아 나오는 허기, 저 울음
진탕을 기어가는 햇살에
꽃 이파리 발목 시큰하다
무작정 흐드러진 꽃
흙 위에 피가 듣는다

—「색계」 전문

감각과 감정, 정신은 삶의 파동에 의해 하나의 회로로 이어져 있으며 정신으로 분화되기 전 감각기능은 자궁으로의 회귀를 통해 태어나기 전의 죽음으로 돌아가고자 욕망한다. 이처럼 몸의 파동은 그 주름을 넓혀 서로 다른 방향으로 운동하면서 죽음조차 순환의 일부에 포함시킨다. 서로를 직조해가는 행위에 의해 우주는 서로 다른 진동의 거대한 파동체로 박동한다. 이 파동 속에서 인간은 그 많은 생명체 중 유일하게 스스로를 대상화하여 우주 전체를 관망한다. 인간은 그런 자신을 바라볼 수 있는 시선에 의해 우주가 짜여진 그물의 방식을 이해한다. 몸이라는 특성 속에서 보면 나란 시간을 새로 솟구쳐 올릴 때만 살아 있는 나인 것이므로 상호 삽입을 통해 새로운 내가 피어난다고 말할 수밖에 없다. 따라서 그녀는 몸을 통해 스스로의 몸을 벗어버린다.

4. 죽음을 넘어서는 나의 몸

그녀에게 육체와 정신이라는 이분법적 사고가 사라졌다면 몸은 스스로 어떻게 자기 자신을 증식시키는가. 몸의 지향성은 마치도 신경세포의 섬세한 끈처럼 운동하고 있기에 인간의 몸을 포함한 세계의 몸이 파동치고 있다. 따라서 메를로 퐁티가 말했듯 살은 존재의 원소라고 할 수 있다. 몸은 하나의 세포가 둘로 넷으로 분열하듯 자기 자신에게서 시작되었으면서도 객관적인 대상이 된다. 금 하나를 사이에 두고 자신의 얼굴이 갈라져 있다는 것을 그녀가 읽어버렸듯이. 두 입술 사이 메꿀 수 없는 구멍의 얼굴이 인간의 몸인 것이다. 그러기에 이 칸에서 저 칸으로 건너뛰는 일은 바로 나의 안에서 밖으로 나 자신을 열어가는 일이다. 오늘이란 다물어지지 않는 협곡 사이를 건너뛰는 일에서 시작된다. 그것만이 오늘이 완성되는 일이라고 말한다.

이 칸에서 저 칸으로 건너가는 일,
밖에서 안으로 드는 거다
금 하나를 사이에 두고 갈라진 얼굴
한 번도 다문 적 없는 입술 같다
등 뒤로 북한산 만경봉 피아노길
손끝으로 짚어가며 올라섰는데
바위와 바위 사이
시퍼렇게 협곡 쏟아진다
아차, 오늘이 내 길의 완성이겠다
다리를 뻗어 훌쩍, 날아야 할까보다
누가 뒷골 잡아당기는 여기!
최후의 결심인 듯 최초의 질문처럼
남쪽으로 바람의 등을 타는

―「매혹」 전문

몸이 모순적이라는 것은 그녀가 통찰했듯이 몸이 유한한 존재이고 그럼에도 몸은 열려 있어 세계와 끊임없이 관계한다는 점이다. 그런 몸을 사는 일이란 북한산을 등지고 남쪽으로 바람의 등을 타야 하는 모순성, 그러기에 지금 여기! 바로 이 지점에서 오늘이 완성된다고 말한다. 그런 오늘은 시퍼렇게 쏟아지는 협곡을 건너뛰는 일이 된다. 그러기에 그녀에게 있어 본다는 행위 속에는 협곡을 건너뛰는 모순성을 어루만지는 아우름이 작동한다. 산이 협곡과 더불어 그녀의 내면에 존재하는 것처럼 그녀조차 균열이 접합할 때만 존재한다. 그러므로 여기에서 저쪽으로 건너뛴다는 것은 바로 그녀가 완성해야 하는 오늘의 길이다. 그녀의 산행은 바로 그녀의 내면으로 들어서는 것과 다르지 않다. 마치 모든 것을 다 알고 있다는 듯 뒷목을 잡아당기는 무엇, 그 모든 것의 증인처럼 그녀는 오늘을 산다. 금 간 거울엔 북한산 만경봉 피아노길이 들어와 있고 울창한 협곡이 열려 있다.

5. 일상을 살아가다

너무나 평범한 일상으로 돌아와 그녀는 평범하지 않은 시를 쓴다. 매번 달라지는 낯선 붓놀림은 세계와의 사이에서 잃어버린 감각을 일깨워 세계를 나에게, 나를 세계에게 되먹이는 행위가 된다. 그러기에 일상에서도 산행은 이어진다. 봄산에서 만났던 붉고 노란 꽃들, 어느새 파커에 알록달록하게 물이 들었다. 그녀는 산을 오르듯 파커를 입고 일상의 산을 살아간다. 짐짓 파커를 어디에 두었는지 찾을 길이 없다고 말한다. 그래야만 시간은 꽃들이 새로 피어나듯 그녀에게로 돌아오는 거니까. 그러기에 애인은 한 명보다는 많을수록 좋다. 심지어 그녀는 백화점에 가서 고르기도 한다. 순간순간 살아있는 지구가 자전하며 공전하듯 그녀 역시 잠시도 한 곳에 머물지 않고 사랑을 찾아다닌다. 흘러간 시간만큼 스스로의 새로운 몸을 만들어야 한다. 그녀가 그런 자신을 바라보는 이중의 봄의 시각을 통해 비로소 언어로 자기를 표현하는 주체이기 때문이다.

집구석 어디에 처박았더라

작년에 즐겨 입던 알록달록한 파커

신상으로 구입해서 몸에 척, 걸쳤는데

봄의 꽃들이 너무 일찍 돌아왔잖아

산행을 할 때처럼 입었다 벗었다가

적당히 팽개치다 상자에 개켜두었다

도무지 기억이 없네

고르고 골라 할부로 카드 긁고 찜했지만

그건 지나가버린 약속

한물간 유행을 몸에 걸쳐봤자

사랑을 아직도 믿니?

끝나지 않는 겨울이 닥쳐온대도

백화점 매장을 날렵하게 다시 쏘다닐거다

"아가씨, 거기 말고 한 칸 뒤로 마네킹"

오늘은 어깨선이 반듯하고 등빨이 빵빵한 것

주머니 스티지 자국이 없는

너, 말고 뒤에, 옆에, 너니?

—「애인들」 전문

그녀의 몸은 어딘가로 늘 향해 있지만 최종적으로 스스로를 포함한 세계를 언어로 그려내는 역할에 충실하다. 따라서 일상적인 삶 속에서 자신의 몸의 결락을 어루만짐을 통해 또 다른 그녀가 언제나 이중적으로 작동한다. 그런 일상은 다양한 욕망의 파동이 번져 나고 주체가 몸인 한 의미를 발생시키며 조금씩 다른 배열을 다시금 만들어간다. 그녀가 그토록 시 쓰기에 골몰하는 이유 또한 한 편의 시가 만든 시간과 공간에 그녀의 몸이 거주하기 때문일 것이다. 마치도 알록달록한 무늬의 파커처럼 그 시간과 공간 속에서 색깔을 지녔던 옷인 그녀의 시도 그렇게 시간과 공간을 새롭게 교직하면서 그녀를 살아 있게 한다. 그녀의 몸은 일상이라는 시장통 속에서 몸이 지각한 파동을 언어로 표현해낸다. 마치도 살아 있는 몸의 살처럼, 의미를 지닌 말은 스스로 번식하고 존재하고 죽어간다. 그녀는 몸을 살듯 시를 살고 있다.

그녀는 그림에도 시를 쓴다

겨울 햇살이 창 안쪽으로 쏟아지는 방에 마침내 당도했다. 투명하지만 하얀 그 속에서 숨을 몰아쉬며 유리창을 사이에 두고 앉으면 그 너머와 안쪽이 둘로 나뉘어 있지 않다. 유리창은 반들반들한 눈의 수정체를 닮은 듯. (수정체 안엔들 내가 있겠는가!) 차라리 온몸이 눈이라고 해야 할까. 몸은 일순 가벼워져 탁하고 어둡고 무거운 육체의 질량을 벗고 환한 무엇으로 바뀐 것 같다. 아득하면서도 너무나 가까운 현전(現前), 시간은 흐르지 않고 순간이 문턱에 멈칫, 있지도 않은 그러나 없는 것도 아닌 문지방 위에 올라서야만 이진희 시인의 시를 만날 수 있다. (아니, 만나고 싶다.) 텍스트를 읽어내는 것은 텍스트와 접촉한 독자의 감각, 감성, 이성의 층위에 따라 조금씩 다를 것이다. 시를 만든 그 시간 그 방에 이르고 싶은 이 강렬한 욕망은 무엇 때문에, 왜, 어디에서 시작되는 걸까. 그녀는 2006년 『문학수첩』을 통해 자신의 시를 세상 밖으로 밀쳐냈다. 걸어갔던 길들, 봉합하지 못한 습성들, 아직도 젖어 축축한 이야기들, 그녀만이 배합할 수 있는 세포들의 모양, 색깔…… 그리고 양태. 시간의 모퉁이를 돌 때마다 기억의 주머니에 담긴 씨앗들은 육체의 거름망에 걸러져 다시 축적된다. 또한 모퉁이를 돌 때마다 마디들은 슬픔으로 휘어져 있다.

2014년 발표된 다섯 편의 시는 그녀의 몸 안에 혹은 밖에 뿌려진 씨앗이 자라난 꽃나무다. 그 탐스럽게 꽃핀 나무는 각각에 다른 이름을 붙일 수 있지만 더 가까이 다가가면 하나로 이어진 이야기임을 알 수 있다. 시 속에선 아주 어린 시절의 시인의 얼굴을 만나기도 하고 처음 그녀가 시를 보았던 돋을무늬 빛의 손길이 고스란히 남아 있기도 하며 아직 오지 않은 시간 저 너머를 건너다보는 목소리도 들을 수 있다. 시간이 그녀를 훑고 간 방식에 따라 다섯 편의 시를 배열해보는 것은 다소 폭력적일 수 있지만 그녀에게 가까이 다가가는 확실한 방법이 될 것만 같다. 내러티브의 변증법에서 빠져나간 섬세한 시의 깃털은 다시 날아올 테니까. 세상에선 흔적을 남기지 않은 채 사라지는 것이 없지 않은가. 그녀에게 시간이란 끝없이 앞으로 나아가면서 지나간 것을 폐기 처분하는 직선적인 문제이기보다 침전되면서 두툼해지는 살점을 갖게 되는 깊이의 문제다. 그녀는 자신의 특별한 보형체인 시의 몸을 만져보는 손길이 빛의 반짝이는 손가락을 닮아가는 기쁨을 선물하고 싶었을 것이다. 그녀를 만난 적은 없어도 그녀에 대해 많은 걸 알고 있는 듯 이 환하고 무심한 관계의 접촉점.

1. 처음 빛에 매혹당하다

이 빽빽한 산소결핍의 텍스트 속에서 먼저 주인(주체)를 찾아 그의 길을 따라가 보아야 한다. 그녀는 주체를 해체하고자 하는 포스트모던적 성향보다는 하나의 주체가 두 개의 상반된 세계의 경계에서 부유하거나 흔들리는 운동성을 보여준다. 혹은 점점 확장해가는 주체를 바라보는 따뜻한 시선의 놀이랄까. 다섯 편의 시에서 마지막 마디라고 볼 수 있는 「황금새장이 있는 방」에 이르러선 자신과 같은 상황 속의 주체들을 비로소 인식(발견)한다. 그러므로 그녀가 열어놓은 세계는 혼자만이 중심에 있는 구조가 아니라 무수한 주체들로 이루어진 다중심적인 평등성(평범성)을 보여준다. 아마도 이런 방식으로 세계를 바라보려는 그녀의 텍스트는 굽이치는 주체들의 관계성으로 인해 타자로부터의 고독에 쉽게 노출되거나 멜랑콜리의 끝없는 침잠을 벗어나 있다. 그녀가 처음 시에 매혹당한 이유는 「나비가 날아간 깊이」에서 보여주듯 빛에의 이끌림이 아니었을까. 이 빛은 외부세계로부터 오는 빛과는 다르다. 초자아적이면서도 내적 자아라는 점에서 언어도단적이다. 아주 먼 거리 밖의 무엇이지만 너무 가까운 그녀 내부의 둥글고 선험적이기까지 한 이 빛에 대해 말하고 싶은 욕망이 그녀를 시인이 되게 하지 않았을까. 그러므로 그 빛에의 끌림은 밖에서 시작된 것이기보다는 내부의 어딘가에서 솟아났다고 말하는 것이 옳다. 따라서 그녀의 어둠은 외부를 갖고 있지 않다. 하강하는 슬픔의 끝에서 만난 환하고 드넓은 빈 공간. 이걸 뭐라고 불러야 할까. 안도 밖도 없이, 만져지지도 않는 우주의 몸통이라고 해야 할까. 너무 거대한가. 그럼, 그녀 자신의 생명성이라고 할까? 온통 빛으로 만들어진.

눈, 부셔

허공을
가차 없이 후려쳐 벤 듯

총성이 터지기 직전 하염없이 반짝이던
차고 새하얀 겨울 산비탈처럼

폭포 소리 무심한 해안 절벽의 지나친 아름다움처럼

유해의 흔적마저 없이
얇은 음각으로 남은 이름

―「나비가 날아간 깊이」 전문

「나비가 날아간 깊이」에서 빛을 감지하는 또 하나의 눈은 그녀 자신의 내부로 한없이 빠져들어 그 바닥에 사뿐히 내려앉는다. 그 단단한 바닥에서 갑골문자처럼 오래된 언어를 만난다. 유해의 흔적마저 없는 이곳은 죽음조차 미끄러지는 빛의 피부일까. 그녀가 이끌린 매혹의 순간은 그녀만의 것이기에 육체 밑바닥에 침전물로 쌓인 언어의 사리들로 잡혀지지 않는 빛의 몸을 그려보고자 한다. 아니 빛의 육체는 언제나 거기 있었을 것이다. 형상을 기호로 재구성하려는 욕망이 어리석을지라도 가장 부드러운 비단의 실로 패인 고랑을 떠내고자 한다. 빛 자체에 대해서는 말할 수 없겠지만 어떻게 그곳에 도달했는지는 말해질 수 있다. 혹은 왜 더 깊이 들어갈 수 없는지에 대해 묻고 싶다. 그러기에 죽음마저도 빗겨가는 이 환함의 순간을 다시 살아내고 싶어서 그녀는 시를 쓰고 다시 쓴다.

2. 빠져나간 것들

빛의 바닥을 들여다보면 언젠가 침잠시킨 울음이 어둠의 뼈를 드러낸다. 아주 오랜 시간의 뿌리까지 젖어버린 날들, 원상으로 복귀되지 않는 찌그러진 기억들이 그녀의 육체 안쪽으로 쌓이고 쌓여간다. 그렇게 육체가 만들어졌다는 듯, 어둠의 끝에 이른 자만이 빛에의 갈망을 비로소 꿈꿀 수 있는 것처럼 희고 차고 아름답고 눈부신 빛 속으로 빠져들어 간다. 그건 그녀가 만든 환상일까. 그러나 어둠에 잡아먹히지 않기 위해 만든 그림자, 허상만은 아니다. 아이러니하게도 빛과 어둠은 자웅동체의 몸체처럼 그녀의 빛은 그 내부가 어둠으로 만들어진 것이 아닐까. 혹은 어둠의 깊은 중심점이 바로 빛의 시작점인지도. 다른 시간의 층을 횡단하면서 그녀는 빛의 육체 속으로 한 걸음씩 들어섰는지 모른다. 한 걸음 발을 옮길 때마다 길을 기억하기 위해 가슴 속에 새를 가둬두곤 했다. 그러나 가둬둘 순 있었지만 그 사이로 빠져나간 것이 있다. 언어로 전부 번역되지 않는 슬픔의 흘러내림. 그로 인해 뭐라고 이름 붙일 수 없는 낯설고 익숙한 육체가 이미지의 감옥에 갇혀 있다. 꽃나무는 그녀 자신조차 건널 수 없었던 단절된 시간을 삼킨 탐스런 꽃나무가 되어 그때 그 기억의 마디를 드러내고는 슬픈 표정을 짓는다. 나비로 날아간 시 속의 목소리는 조금씩 어두워져서 마침내 어떤 탐스런 꽃나무에 이르러선 문득 사람이 된 듯 말을 한다. "화초들 모두 식물 그만 두고 훌쩍 동물로 뛰어들려는 찰나" 꽃나무는 어떤 시간의 단절 앞에서 사람으로 건너뛰고 싶어졌을까?

유달리 탐스러운 어떤 꽃나무는 반드시

한밤중 외딴 창고에서 몰래 불태워진
작고 부드러운 옷가지의
임자를 알 것만 같아

다 탄 재를 바람에 황급히 흩뿌린 자의
얼굴도 생생히 기억할 것 같아

붕붕거리며 가지를 넘보는 꿀벌이 반갑지 않고
알랑대는 나비를 멀리 쫓아 버리고 싶었을지 몰라

스스로 그럴 수 있었다면
가장 초라한 꽃나무가 되려고 애썼을 수도

그리하여 밑동이 잘려 나가고 마침내 어느 날
뿌리째 뽑혀진다면

잔뿌리로 안타깝게 쓰다듬고 있던

희고 연약한 뼈들을 후드드득

세상에 내보일 수 있게 되어 눈물 흘렸을지도

—「어떤 꽃나무 소묘」 부분

시는 언어들의 단순한 조합이 아니다. 그 속에는 말할 수 없는 무엇, 언어의 카메라로는 담아낼 수 없는 시커멓게 타버린 상처 혹은 흉터가 있다. 그러나 다른 각도에서 바라보면 바로 그 이유로 인해 유달리, 탐스런, 꽃나무라고 할까. 그 꽃나무는 자신이 겪어냈던 그 밤의 사건으로 인해 자신이 단지 꽃나무일 뿐이라는 일상성을 받아들이지 않는다. 한밤중 외딴 창고에서 몰래 불태워진 작고 부드러운 옷가지의 임자를 알아보았고 다 탄 재를 바람에 황급히 흩뿌린 자의 얼굴을 바라봤던 놀라운 경험 이후로 꿈을 꾸는 꽃나무가 되어버렸다. 붕붕거리는 꿀벌이 반갑지 않고 나비를 멀리 쫓아 버린다. 차라리 꿈을 꾸기 위해서라면 초라한 나무가 되고 싶다. 그래서 사람들에게 괴상한 꽃나무라며 뿌리째 뽑혀진 날, 희고 연약한 뼈를 드러낸 채 사람의 영혼을 유달리 사랑한 탐스런 꽃나무였음을 스스로에게 증명할 수 있을 테니까.

3. 무슨 일이 일어난 걸까

「나비가 날아간 깊이」와 「어떤 꽃나무 소묘」에서 그녀에게 일어났던 놀라운 경험은 현장성으로 그 시간과 장소를 떠나면 그녀 자신조차도 재연해낼 수 없다. 언어라는 카메라를 들이대고 무수히 그 순간을 찍어댄다 해도 한 편의 시는 완벽한 재연에 늘 실패한다. 이런 이유로 내밀한 언어들로 재구축된 텍스트가 타자에게 진정한 기쁨을 나눠줄 수가 없다는 점에 절망한다. 무엇이 잘못일까. 어떻게 섞여들어야 할까. 그녀는 오래 기다리다가 마침내 찾아 나선다. 시간의 몇 구비를 산 넘으면서 그녀는 안개에 갇혀버린다. 아침에도 저녁에도 피어오르는 안개는 인간으로서 마지막까지 살아있기 위한 비상활주로마저 완강하게 막아서고 부옇게 흐려진 빛들은 고통스럽게 붉은 피를 흘리고 있다. 그래서, 그녀는 그곳으로 가야 했다. 안개 속으로 한 발이 빠져들면 석재공장의 사내가 보이고 그는 잡풀을 베고 있다. 아무 의미가 되지 못하는 풀들, 생각의 잡풀들은 단지 베어지기 위해서 자라는 걸까. 그런 풀들은 없을 것인데, 그녀가 안개의 나라에 들어서고부터 모든 사람은 물론 그녀 자신조차 때때로 물질적 풍요에 발목이 잡힌다. 사람들은 물질에 대해 자신과는 분리된 대상이며 따라서 그것들에 생명이 있나고 생각하지 않는다. 언제 어디서나 버려질 수 있는 것. 은빛, 생명의 물고기는 기억 속에서만 만날 수 있고 그런 시절은 이제 더러워진 개천으로 인해 회복될 수 없다고 말한다. 은빛 물고기는 사라졌어도 물고기를 기억하는 햇살이 있지 않느냐는 물음에 그들은 말한다. 배부른 소리 하네. 이곳이 평낭 얼반지 아냐고, 개천을 개발하면 얼마나 부자로 살 수 있는데, 거참!

자동차의 핸들을 오른쪽으로 틀면

고가도로가 이어지고 안개의 근원지인 개천이 있다

개천은 더럽다, 더러워졌다 그곳에 뛰어들어
은빛 물고기를 잡던 시절을 간직한 사람들도 만났으나
그들도 이제 더러운 개천에 반짝이는 햇빛보다는
주변의 땅값을 가늠하고 어찌되든 개발을 선호한다

안개 속에 더러운 몸을 감추었지만
무럭무럭 피어오른 안개에 밴 악취를
개천은 감추지 못했다

안개의 흐릿한 악취 속으로 나는 빨려들어 갔다

—「안개 아침」 부분

어디서부터 잘못된 걸까. 물질적 풍요는 더 빨리 쓰레기(권태)를 만들어낸다. 개천은 마치 거대한 괴물처럼 썩어가는 몸을 안개 속에 감추고 전지전능한 신의 무심한 낫질처럼 손에 닿는 모든 것을 폐허로 만들어버린다. 아니, 사람들은 버려지기도 전에 버려야 한다고 생각한다. 악취로 꿈틀거리는 개천이 먼 기억 속 여름날 목을 축이던 바로 그 개천이었다고 하면 누가 믿을 것인가. 풍요로운 삶이 물질적인 문제의 해결에 있다는 세상의 욕망 구조를 다시 되돌릴 수가 없다. 그녀는 더 분명하게 절망하기 위해 스스로 악취 속으로 빠져든다. 고통에 거리를 두고 관찰하는 자가 아니라 그 속으로 걸어 들어가서 스스로 고통이 되어간다. 왜? 그녀는 물의 시작점을 알고 있으니까. 그 물을 퍼서 나르는 언어의 물그릇을 들고 상처에게 이르러 말할 수 있으니까.

4. 함께 와흘에 내려가자

제주시 조천읍 와흘리의 그 와흘이 맞는 걸까? 그녀는 바다 건너 와흘에 도착한다. 슬픔의 마을이라면 반드시 그 와흘만일까? 내 육체의 밑바닥에 이르면 와흘을 만날 수 있다. 그래서 이 마을은 낯설지 않다. 언젠가 혼자서 이곳에 온 적이 있고 이 마을에 대해서 너무나 잘 알고 있다. 그러나 너와 함께 온 것은 처음이다. 너에게 이 마을의 고요함과 아름다움, 처음을 선물하고 싶다. 와흘은 어른이 된 수완으로는 슬픔의 질량을 줄이지 못하는 육지의 가장 아랫마을, 해독할 수 없기에 그냥 슬픔이 흘러넘치도록 내버려 둬야 하는 온전한 너의 육체다. 그러기에 마음에서 가장 가까우면서도 먼 주소지, 슬픔의 틈에서 새어드는 하얀 샘, 눈물. 그러나 내 안의 너는 끝내 계획되지 못한 스스루와이 마주함 때문에 이런 서런 핑계를 둘러댄다. 끝내 나 자신조차 대상화하는 이 비천함 때문에 너는 와흘에 이르지 못한다.

> 다 자란 어른의 수완으로도 질량을 줄이지 못했던
> 해독하기 힘든 슬픔이라면
> 무작정 흘러넘치는 것을 내버려 둘 수밖에
> 그럴 때는 그럴 수밖에
>
> 사랑하면서도 증오하는 마음

마른 물고기를 보내고 싶었으면서도 외면해 버린

네 마음에서 가장 가까우면서도 먼 주소지

자신에게 가장 잔혹한 적은

자기 자신

여행의 즐거움에 슬픔은 계획되어 있지 않았고

마른 물고기를 산 그날은 하필 성탄절이었는데, 그날

이국의 국경처럼 아름다운 그 들판 어느 지점이

매우 흉측하고 널따랗게 파헤쳐지고 있었다

―「와흘에서」 부분

도대체 여기 있는 이 육체는 무엇일까. 한없이 약한 풀잎이면서 짐승의 생리를 가지며 어떤 때는 풀잎 그만두고 하늘 저 너머로 건너뛰려는 이상한 그 무엇. 내가 만든, 그러나 내가 전부 만든 것만도 아닌 정체불명의 그것, 네 속에서 살아왔지만 늘 정면 응시는 하지 못했다. 그건 고요하고 아름다우며 모든 생명의 처음인 곳이면서 그 바닥엔 슬픔이 고여 있음을 알기 때문이다. 사랑하면서 증오하고 매혹적이면서 동시에 환멸적인 나에 이르고자 그녀는 와흘을 찾아오고 그곳에 가기 위해 마른 물고기를 먼저 보내고 마침내 아름다운 들판에 도착했지만 너무 생각만 많아서 잔혹하게도 스스로와 대면하기를 거부한다. 그녀 안의 분리된 자아, 성스러운 탄생을 알리는 자신과의 만남은 와흘에 가까이 이르고도 와흘을 만나지 못한다.

5. 도착점은 출발한 그곳은 아니다

와흘에 다다르지 못한 그녀는 다시 출발지점으로 되돌아오고 황금새장이 창가에 걸려 있는 방에 이른다. 그녀가 걸어갔던 시간이 만든 방. 「나비가 날아간 깊이」에서 만났던 빛에의 이끌림과 비슷한 지점에 그녀가 놓여 있다. 황금새장의 새는 눈부신 나비면서 유달리 탐스러운 꽃나무이기도 하다. 생명이란 고정된 무엇이기보다 밝으면서도 어둡고 끝없는 여행자면서도 늘 거기 있는 나비, 꽃나무, 새장 속 새가 아닐까. 나비는 그녀 내면의 깊이로 하강하면서 한 번의 죽음을 겪어내고 꽃나무가 되었으며 꽃나무는 안개의 세상으로 다시 태어나 무엇엔가 이끌리듯 와흘로 새어들고 다시 흔들리는 창가의 방에 이른다. 이 모든 것을 다 합한다면 황금새장이 걸린 창가에 선 주체로 수렴될 수 있을까. 창가에 선 그녀는 출발선의 그 나비와 닮았지만 나비로 수렴되지는 않는다. 사랑하는 너의 죽음을 지나 나의 가상적 죽음마저 겪어낸 후 그녀는 비로소 작은 소리로 너를 부른다. 어둑한 육체가 벼락처럼 환해질 때 새장 속 새가 얼마나 사랑스러운지를 알고 있다. 더구나 그 새장 문을 걸어 잠근 것은 자기 자신이라는 것을. (그럼 놀이하는 주체인가?) 자기 안의 무엇인가가 죽어야만 비로소 진실한 자유를 만날 수 있는 것이 아닐까. 텅 빈 새장이 창가에 매달려 흔들리는 방에서 그녀는 이런 방이 세상엔 참 많다는 것을 알게 된다. 친절한 친구이

자 형제들은 그들의 방에 우리가 오래 머물렀던 이유로 내 안에서 그들을 완전하게 분리해낼 수 없다. 그녀의 신작시 다섯 편의 운행은 「나비가 날아간 깊이」에서 「황금새장이 있는 방」에 이르러 새장 속 새를 풀어놓음으로 조금 달라진 도착지점에 이른다.

그 어둑한 방이 벼락처럼 환해질 때
알 수 있지, 새장이 하나뿐이 아니라는 사실을

그리고 깨달을 수도 있지

세상은 벼락처럼 샅샅이 환해지기는 어렵고
그런 방들이 우리 곁에
얼마나 가까이, 얼마나 무수히
존재하는지를

그 방들 중 어느 방은 언젠가
친절한 친구이자 이웃, 형제자매를 자처하는 우리가
기꺼워하며 오래도록 머물던 방이기도 하다는
평범한 사실을

—「황금새장이 있는 방」 부분

몸과 몸의 교차점에서 흘러넘치기

김광선 시인이 2013년 발표한 다섯 편의 시를 읽어내기 위해 첫 시집 『겨울삽화』(갈무리, 2000)와 두 번째 시집 『붉은 도마』(실천문학사, 2012)의 커다란 시 나무를 먼저 만나는 것이 어떨까? 어쩌면 이번의 새 시 다섯 편은 두 권의 시 나무가 피워올린 다른 향기의 휘황한 꽃이 아닐까? 두 권의 시집은 노동하는 노동자의 몸으로 쓴 시라고 말할 수 있다. 관념보다는, 삼성보다는 몸으로 쓴 그의 시들에서 의미의 융기들을 어렴풋이 만져보면서 이렇게 물을 수밖에 없다. "만약, 실체적으로 우리가 우리의 몸과 결합되어 있다면, 우리 자신에게 어떻게 순수한 영혼을 경험할 수 있을 것이며 거기서부터 어떻게 절대정신으로 다가갈 수 있을 것인가?" 메를로 퐁티가 『지각의 현상학』에서 지성주의적인 인간중심주의를 넘어서려고 제기했던 질문을 그의 시 앞에 열어보임으로써 몸을 통해서 영혼을 경험하고 절대정신으로 나아가려는 김광선 시인의 시의 문을 열어볼 수 있을 것이다.

그는 알고 있다. 몸은 자신의 것이면서 자신의 것이 아니라고. 내 몸은 자연에 속해 있지만 나에게로 수렴되지 않으므로 그 몸을 살아내는 것으로만 삶의 주체로서 자신의 몸을 획득할 수 있다. 살아있다는 건 어떤 경우든지 자연과 연결되어 있으므로 완전한 통제가 불가능하며 잔여물로써 타자성의 몸이 남아있기에 다시 몸을 살아내야만 하는 순환구도가 만들어진다. 따라서 순수한 영혼이나 절대정신이 몸을 떠나 어딘가 또 다른 공간에 위치한 순도 100%의 무엇이라는 가정은 몸을 가진 자에겐 자기모순적이다. 이 점에 몸과 정신, 물질과 비물질이라는 대립적이며 이분법적인 구분에 문제가 있음이 드러난다. 차라리 몸이란 물질이 비물질로 바뀌어지는 화학적 공정의 공장과도 같으며 또한 일정한 시간 안에서만 가동하는 파동체면서 리좀적인 구조라고 말할 수는 없을까.

1. 두 권의 시집 속에서의 몸

공장을 가동시키기 위해서 끊임없이 연료가 필요하듯 몸은 물질의 육체성을 가역반응이 불가능한 정신성으로 바꿔내는 시스템이다. 나는 나의 몸을 살기 위해 얼마나 많은 식물과 동물들의 에너지를 필요로 하는가. 나의 생존을 위해 너의 죽음이 서로 교차적으로 관계하지 않으면 안 되는 이치가 더 큰 몸의 논리 속에 포함되어 있다. 따라서 요리사라는 시인의 직업은 적극적인 삶의 개입을 넘어 삶의 참여가 된다. 이미 출간된 두 권의 시집이 이 질문들을 가파르게 절벽 끝까지 밀어 올렸다면 두 번째 시집 이후 그의 시 다섯 편에선 절벽 아래로 떨어지는 몸들의 산발적인 응답을 감지할 수 있다. 시의 주체가 몸이기에 시인의 현실과 시의 교집합인 교차점에 붉은 도마가 놓여 있다. 그 도마에는 잔혹하고 무심하면서 서글프고 아파하는 시인 속 자연의 목소리가 실려 있다. 김광선표 붉은 도마의 공정은 격렬하다. 단 한 명의 공장장이가 공정을 책임지는 공장이다. 가장 연소성이 높은 갈비살을 연료통에 넣고 시 한 송이를 피워 올리기에 그는 마술사의 가슴처럼 붉다. 그의 시는 새살이 돋아나듯 봉오리를 벌고 보드라운 살결과 향그러움으로 번져가는 시간을 휘감는다. 그의 시는 현장성으로써 몸을 살아낼 때 몸이 융기한 삶의 엑기스로 다시 남의 살을 키우는 양식이 된다. 즉 그의 시는 몸을 살아낸 후에야 획득 가능하며 투명한, 이성적인 무엇이라는 점이다. 이 물음에 대한 답을 그의 두 권의 시집 속 시인의 말에서 들어보자.

우러나오는 시를 써야 한다고 생각했다. 너무도 힘에 겨워 산다는 것, 목구멍까지 피어오를 때 그래도 견디는 것이라고 미치도록 흠모하는 거라고 앙가슴 다독거렸다.

우러나고 걸러지고 흔적도 없이 바래 정갈해지고 싶었다. 새로 바른 장호지에 어리는 갈별처럼

―『겨울삽화』, 시인의 말, 부분

자신이 살아온 시간과 공간의 축적물인 불투명한 몸을 우려내

고 건질 것은 걸러내고 바람과 햇살에 바래면서 시인은 문득 투명해지고 싶다. 그 과정이 아무리 힘들어도 견디겠다고, 견딜 만하다고, 가슴에 미치도록 흠모하는 것이 있으므로 정갈해질 수 있다며 시인은 앙가슴을 다독거린다. 그리고 어느 순간 몸의 육체성이 쑥 빠져나가고 새로 바른 창호지같이 해맑아진 몸의 평면성에 어리는 별을 만난다. 거기 갈별이 뜨고 언어 몇 점이 우주 몸의 살처럼 돋아나 있다. 세상이 너무 힘들어 목구멍까지 막혀올 때 몸의 바닥에서 솟아오르는 갈별 같은 시 한 구절, 지난 시간의 돌길과 막힌 골목들이 우려지고 걸러지고 바래졌는데, 모두 사라지고 없는데, 그때 몸은 저 스스로 새 창호지를 바르듯, 툭, 몸 건너 몸을 굽어보듯 돌출된 순간이 찾아온다. 거기 어리는 갈별의 언어 몇 점 받아 적은 김광선 시인의 시의 미학은 그대로 두 번째 시집에도 이어진다.

보통 사람들과 리듬을 달리해 살아야 하는 조리사의 삶, 약 이백 인분의 갈비의 살을 발라야 하는 오른쪽 검지가 뻣뻣해져 주먹을 폈다 쥐었다 하며 하루를 시작하는 삶이 붉다.

아직도 뜨겁다.

서리를 허옇게 뒤집어쓴 망초꽃 눈 끝에 맺힌 이슬이 맑다.

–『붉은 도마』, 시인의 말, 부분

두 번째 시집에선 시의 현장이 더 구체화된다. 세상으로 걸어가는 문은 바로 내 몸이기에 그 몸을 길러내기 위해 스스로는 갈비의 살을 발라내는 노동으로 인해 검붉은 점액질의 삶이 늘 질척거린다. 다른 몸들이 먹고 마시는 교차점인 그 몸은 그래서 자주 아프고 뜨겁다. 몸들을 배불리 먹인 후에라야 돌아서서 자신을 먹이기 시작하는 몸이다. 시인은 스스로에게 말해준다. 몸을 버리지 않으면 망초꽃이 피어나지 않는다는 것을. '서리를 허옇게 뒤집어쓴 망초꽃, 그의 눈 끝에 맺힌 이슬' 바로 그의 시다. 이처럼 흔들리고 아파지고 낮아져서 어두운 몸의 뿌리에서 시작하지 않고는 한 잎의 꽃도 건져 올릴 수 없다. 그의 시는 몸이라는 지각세포가 세상으로 잠입해서 더 깊이 멀리, 오를 수 없는 높이까지 올라서서 얻어낸 확장된 시의 살들을 만들어낸다.

2. 다섯 편의 신작시 속에서의 몸

그의 시에서 과거에 대한 회한이 전면에 드러나는 경우는 드물다. 몸을 살아내는 현장성으로서의 치열한 도마질이 멈추지 않는다. 그렇다면 그의 시의 살을 다양하게 번지는 파동의 형태라고 불러볼 수 있지 않을까. 파동의 무늬가 이렇게도 찍히고 저렇게도 찍힌다. 2013년 다섯 편의 시에서 발견되는 특이점은 몸이 그 자신의 텅 빈 검은 구멍, 죽음을 정면으로 바라본다는 사실이다. 몸을 살고자 하는데 몸이 중심에서부터 무너지고 있다는 이 모순을 어떻게 받아들일 것인가. 이 물음에 대해 그 자신의 응답의 방식으로 다섯 편을 배치할 수 있다. 죽음에 대한 기미는 몸에 박힌 못에서 시작한다. 그러나 못을 빼는 것으로 죽음에의 벌어진 입이 닫히지 않는다는 것을 누구보다 시인은 잘 알고 있다.

> 언제부턴가 구두를 신으면 왼쪽 발이 아팠다. 가만히 살펴보니 새끼발가락 관절이 있는 곳에 '못'이 박혔다. 원래는 굳은살이라 하겠지만 치이고 또 치이고 동동거리면서 같은 곳으로만 힘을 지탱해야 했던 자리 나는 그 곳에 못을 치고 있었다. 헐렁한 작업신발 빡빡한 삶으로, 헐떡거리며 들숨날숨처럼 쾅쾅 못이 박히는 줄도 모르고 아픈 줄도 모르고 옹이진 자리였다. 희망이라며 생업이라며 절벽 끝에서 버티었던 자리, 오늘 그 고통을 사포로 문지른다. 생살이 싸락눈처럼 하얗게 벗겨지고 있다.
>
> —「못」 전문

어느새 둘러보니 절벽 끝에 자신의 몸이 서 있다. 몸이 느끼는 고통의 원인은 육체적인 이유만이 아니라 길이 시작하면서부터 봉합할 수 없는 균열로 벌어지고 있었다. 출발부터 문제가 있었던 거다. 좌우대칭이 아닌 비대칭의 삐그럭거리는 틈새에 못을 칠 수밖에 없고 그래서 박힌 못들을 빼는 것으론 치유가 될 수 없다. 그렇게 살았던 고통의 굳은살을 되돌아보게 한다. 그러나 삶의 살은 한쪽으로는 살아 있음을 멈추지 않고 퍼뜨리는 율동이기에 생살을 다시 내리는 것은 싸락눈이 내리듯 춥고 아프지만 견뎌내야 할 자신만의 치유방식이다. 그의 시가 관념으로는 포획되지 않는 삶의 장소, 상황 속에 놓여 있는 까닭이기도 하다. 그래서 몸이 눈부시게 파동치는 연두의 계절에 문득 만나는 죽음은 필연적이다. 그러나 자신의 몸에 죽음을 체화하기는 쉬운 일이 아니다. 몸이 걸어갔던 길을 다 걸어가고 울음을 모두 흘려낸 후에야 시인은 창밖을 응시한다. 아니, 창밖 신록이 죽어가는 몸에 흘러든다. 몸 밖이 신록이기에 몸은 안으로부터 무너질 수도 있겠다는 깨달음은 몸은 그 중심이 텅 비었다는 인식과 맞닿아 있다. 텅 빈 것이기에 파동칠 수 있는 게 아닐까. 중심이 꽉 채워져 있다면 어떻게 흔들릴 수 있겠는가. '거죽만 남은 팔뚝 희미한 혈관'으로 항생제가 흘러들고 있는 몸, 그 몸은 흔들리는 주체기에 자연적인 주체로 확장된다. 창밖 초록의 잎사귀들이 아득하다.

깊고도 은밀한 몸으로 한때
누군가를 애달프게 했고 한때는
누군가를 힘껏 껴안았을
창밖은 후끈 기억처럼 아득히 신록
잔물결 가득 고즈넉한 눈빛들은
이보다 더할까 고농이 멀다
거죽만 남은 팔뚝 희미한 혈관으로 링거 병
수액은 가슴으로 떨어지고
고통을 줄이려
깊숙이 번져가는 항생제
이보다 더할까, 아직도 부끄러움이 남아 있다면
창밖 찰랑거리는 초록의 잎사귀들
귀밑처럼 간지러운데

평생을 지탱해 주었던 짐 같은 육신
외면당한 한 시절이 더 아픈데
저 혼자 떠드는 텔레비전 속 젊은 여인들
엉덩이를 살짝살짝 내비치며 선혈처럼 웃는데
창밖은 한창 여름
아득히 신록

—「아득히 신록」 전문

시인은 아득한 신록 속에서 자신과 얽혀 있던 몸을 떠나보내고 그에 대한 애도를 시작한다. 애도란 언젠가 사라질 몸속 검은 물줄기를 더 깊이 들여다보는 일이다. 몸속에는 하늘이 있고 땅이 있고 번들거리는 빗줄기가 하늘에서 땅으로 솟구친다. 땅에서부터 시작하지 않고 하늘에서 몸의 불꽃 위에 내린다. 이제 곧 몸이 사라질 것을 슬퍼하듯 하늘이 번쩍 열렸다 닫히자 어디선가 사이렌 소리가 울린다. 사이렌의 노래를 들은 자는 다시는 살아 돌아오지 못한다. 빗줄기가 동공에 박히고 동공의 작은 거울 속에서 짧거나 길었던 파노라마가 달린다. 하늘과 인간, 땅의 드라마 속에 누군가 벌써 검은 빗줄기를 타고 장례식장을 빠져나갔고 그를 하늘로 실어 나르는 영결차인 소나기가 멎는다. 하늘은 그 슬픔을 끝내지 못한 듯 울부짖지만 곧 멈출 것이다. 천둥, 사이렌, 빗소리, 하늘의 울부짖음, 다시 사람들의 웅성거림으로 소리의 파장이 퍼져나갔다가 다시 되돌아온다. 잠시 그가 들여다본 만화경 속 죽음은 분절선을 어느새 봉합하고 사람들은 드디어 웅성거린다.

천둥이 친다 간간이

번쩍 하늘이 열렸다 닫힌다

구급차

다급한 사이렌이 빗소리를 가로지른다

똑같은 로고가 박힌

흰옷의 환자복들 파리한 얼굴들이

빗줄기를

묵묵히 검은 동공에 새기고 있다

종합병원 장례식장이 건너다보이는

주차장 앞 로비

누구는 나가고 누구는 들어오고 있다

소나기가 멎는다

하늘은 계속 울부짖고

드디어 사람소리가 웅성거린다.

―「소나기」 전문

그 자신을 온전히 살지 못한 자는 유언처럼 손목시계를 남겨놓았다. 세상에게 밥해준 죄밖에 없건만 그의 시간이 유품으로 남겨진다. 시계는 무슨 말을 하려는 걸까. 바로 삶의 의미가 시간이므로 그의 시간을 나의 시간으로 살려내지 않으면 안 된다. 즉 시간의 살결을 그와 나 사이에 이어 붙여야 한다. 시간의 살은 만져질 수 있는 몸이므로 살아있음의 파동을 잘 퍼져가게 하는 것이 죽은 자에 대한 진정한 애도가 아닐까. 또한 그것이 시를 쓰는 이유이기도 하다. 그래서 그토록 그들의 고통에 아파했으며 그들의 죽음에 자유로울 수 없었다. 시인은 누구보다 뜨겁게 몸을 살아냈고 몸의 중심점에서 자기 아닌 타자의 몸이 깊이 깃들도록 죽어가는 몸들의 남은 시간을 유품으로 받아들인다.

> 내리고 얼고 내리고 얼고 빙판이 된
> 눈 덮인 겨울 벌판
> 설핏 넘어가는 햇살도 볼이 언 듯 발갛다
> 한 평생
> 남에게 밥해준 죄 밖에 없는데 겨울 벌
> 망초 꽃대처럼 스러진 삶의 마지막 자리
> 낡은 시계는
> 가죽 끈이 자꾸만 늘어난다
>
> 그의 삶처럼 마를 날 없는 손
> 한 칸을 줄였는데 또 한 칸을 더 줄인다
> 행여 놓칠 새라 미련처럼
> 부여잡는 그의 손길처럼 낡은 시계는
> 더 꽉 조여 달라 한다.

—「유품」 부분

자기의 몸을 버림으로 더 큰 몸이 되려 하는 몸의 이중구조에 대한 눈뜸은 몸과 세계가 뫼비우스의 띠처럼 이어져 있다는 생각을 불러낸다. 결국 그의 시는 자기를 넘어 세계의 목소리를 듣고자 하는 것이며 그것을 위해선 자신의 몸을 살아내는 주체가 되지 않으면 안 된다. 따라서 주체와 세계의 경계가 흔들리고 개입이 일어나고 간섭하고 의미를 응축하면서 주체와 세계는 분리 불가능하다. 자신의 몸에 두꺼운 살의 층으로 남아 있는 아버지에 대한 응시는 그에게는 죽음에의 정면 응시 후 새로운 존재의 방식일 수 있다. 아버지의 삶과 내 삶이 오버랩되면서 어느새 그에 대한 깊은 이해가 나의 삶의 파장으로 전해진다. 한 개체의 죽음(과거)은 현재를 살아내는 몸속으로 이어진다. 하나의 몸에서 일어난 죽음조차 다른 몸을 밝혀내는 점화의 불꽃이 된다. 시인의 아버지는 삶의 파도를 헤치고 잠시 경계에 정박해 있다. 그 어떤 혼란에도 그는 아버지의 몸을 살 수 있을 것 같다. 그에게는 일종의 원초적인 공간이라고 할 수 있으니까. 아버지와 시인 사이에 시간이 흘러갔다가 다시 되돌아왔다. 시간은 다른 몸을 만들었지만 둘 사이 공통분모도 만들었다. 이쪽에서 저쪽으로 나뉘어 있지만 그러나 그 둘은 보편성으로 이어져 있다. 그 보편성에 이를 수 있었던 것은 타의적인 수용이 아니라 흘러간 의미들 위에 새로운 의미를 낳을 수 있는 응시를 통해서 아버지와 아들의 동일시가 그려지게 된다. 주체가 따로 존재하는 것이 아니라 보는 자가 보이는 것에 의한 리비도의 넘침이 일어난다. 다른 사람의 자리에서 그 사람의 목소리를 끌어내는 것은 몸이 할 수 있는 죽음에 대한 사랑의 방식이니까.

제 살기 바쁜 자식 놈들 눈치는 보이지만

농협 보증 빚에 앙칼진 아내의 등쌀에
섬 떠나 잘된 객지 놈들이
몇 푼 쥐어주는 맛에 날맹이 차진 밭이
조금씩 그들의 조상 묘지로 넓혀진다
그래도 남은 땅 묵힐 수 없어
보리 싹을 틔우고 고구마 순을 놓고
명절이면 자식들
밭을 건너다 볼 때마다 마음은 편치 않지만
오늘도 번들번들 오석의 경계에서
백발의 노인은 성성한 눈빛만 남았는데
먼발치 동구 밖
바람만 휑하니 휘돌아 나간다.

—「경계」 부분

2013년 이하의 타임머신

이하의 시 다섯 편이 여기 있다. 언어로 지은 집이 잠시 구름(종이)으로 머물러 햇살을 오월의 대기 속에 받들고 있다. 하얀 대리석엔 검은 글자들이 박혀 있고 글자의 의미를 조합할 수 없는 사람이라면 글자들을 단순히 오점으로 보았을 것이다. 상징계에서 의미를 부여받음으로써 비로소 시는 정신이 깃들 수 있는 집도 되고 달려가는 노래도, 끓어오르는 모래가슴도 된다. 시집, 『내 속에 숨어사는 것들』(실천문학사, 2012)에서 시인의 '내 속'을 기억과 추억이 실핏줄로 얽힌 의식과 무의식이라고 가정하자. 그 안에 숨어 사는 것들이 표면(현상계) 위로 얼굴을 내밀 때, 그 얼굴은 어느 시점에선 이하 자신이기도 하지만 타자에 의해 호명되었기에 새로운(이차적) 의미가 생성되는 지점일 수 있다.

그의 시에서 문득 읽을 수 있는 의미는 아찔하게도 날것으로의 죽음이다. '허깨비'인 카오스의 입 벌린 구멍, 그 속으로 삼켜질 시간에 대해 그는 누구보다 잘 알고 있기에 허무 속으로 휩쓸려가지 않으려는 거부의 몸짓, 저항의 떠돎으로 시 쓰기가 지속되는 게 아닐까. 그를 한 번도 만나본 적은 없지만 시의 집에 초대받아 그의 시간의 길을 따라가 보면 그가 가는 길 끝까지 투명한 바람을 일으키고 싶어진다. 그를 읽어내는 타자로서 자신의 어둠을 빛나는 대기 속으로 불러내고 싶어지니까. 그가 없을 그 어느 시간에도 누군가는 그를 따라갈 것이기에 수면 위로 떠오른 시의 얼굴이 웃고 있는지 울고 있는지 무서워하는지는 바라보는 자의 몫이다. 그는 그런 시간의 횡단면을 건너뛰기 위해 대리석을 깨고 끌로 갈아 뭐라 말할 수 없는 구조물들을 만들고 있는 것이니까.

그의 시를 음절 단위로 늘려보면 요즘 시들에 비해 그다지 길지 않다. 요즘 시라니? 이미지 범벅과 비유의 범람이 시의 표면 아래로 절제되어 있다. 그러나 시의 내용 측면에서 시적 자아는 시간과 공간을 종횡으로 가로지르며 부딪쳐 멍들기도, 허우적거리며 '밤바다가 다 소주'이길 바라면서 스스로의 자아를 부정하려는 역설의 시학을 보여준다. 어떻게? 이런 역동성을 위해 시를 건축하는 그의 방법론을 살펴보자. 이하 시인(감독)은 등장인물을 다양하게 불러낸다. 소녀시대의 태연이 출연하기도 하고 소설가 구보는 물론 우산국을 신라의 땅으로 복속시킨 이사부가 장면에 삽입되기도 한다. 이토록 시간과 공간에 구애받지 않고 등장인물을 파격적으로 기용하며 그들이 내뿜는 이미지들의 중층적 결속을 펼쳐낸다. 시적 화법이 역사적인가 하면 역사적이지 않기도 한 이 현상들을 어떻게 설명할 것인가. 대체 이 영화를 찍으신 감독님은 무엇을 말하고자 함일까. 그의 무의식 속에 무엇이 숨어 살기에 이렇게 넓고도 깊푸른 시공간의 압축이 필요했단 말인가.

해석자의 손엔 다섯 개의 화투패가 쥐어져 있다. 어떤 패를 먼저 던질 것인가. 패는 마술사의 손끝에서 한 장 던지면 물을 건너는 징검다리도 되고 무지개도 되는가. 밟고 건너가면 물의 길을 거슬러 오를 수 있을까. 실직을 하고 삼척 바닷가에 정박한 패(「삼척동자」, 「우산국 일기」), 2013년 경성역사의 패(「경성역사」), 보신각을 지나 흰 머리 약사가 비타500을 건너는 패(「소년 시대」), 이화장 낙산공원 근처 자신의 컴퓨터 앞에서 자판을 두들기는 패(「소리들」). 그 패들 속엔 이하 시인이 존재하거나 존재하지 않는다. 그는 언어의 구축물, 『내 속에 숨어사는 것들』을 통해 자신이 지나온 무의식의 바다를 횡단하고자 했다. 2013년 새로운 입자로 찍어낸 다섯 편의 언어 영화, 이미지들의 조각을 필름으로 풀어내듯 스토리를 따라가 보자. 그가 살아 온 시공간을 압축한 회로를 통해 첫 시집과의 자기동일성을 유지하면서도 어떻게 달라진(새로워진) 자신을 만들어냈는지를 알게 될지도 모른다.

1. 삼척

수년 내몽고, 상하이 등지를 떠돌다가 서울로 돌아온 그는 삼 년을 못 참고 봇짐을 싸서 삼척으로 내려간다. 유배자의 목소리를 섞어 삼척일기를 쓰고 달라진 시간의 축 위에 우산국 일기를 새긴다. 『삼국사기』에 의하면 '지증왕 13년, 512년에 이사부는 아슬라주의 군주가 되어 우산국의 병합을 계획하였는데, 우산국 사람들이 어리석고 사나워서 위력으로는 항복받기 어려우니 계략으로 복속할 수밖에 없다고 생각하였다. 이에 나무 사자를 많이 만들어 배에 나누어 싣고 우산국 해안에 다다라 거짓으로 말하기를 "너희들이 항복하지 않으면 이 맹수를 풀어놓아 밟아 죽이겠다"고 하였다. 우산국 사람들이 두려워서 곧 항복하였다.' 그 이사부가 삼척을 신라에 편입시키고 그 여세를 몰아 지금의 울릉도인 우산국을 정벌한다.

그러나 2013년에 이하가 기록한 우산국 일기는 정복자의 입장에서가 아니라 정복당한 실질국과 우산국의 관점에서 바라본다. 70년대, 80년대식의 이데올로기가 작동하는 시대에 그는 태어나 교육되어졌다. 그의 '적(敵)'은 어느 부분 기득권 세력에 의해 만들어진 '공공의 적'이었으며 당시 이에 대한 거부를 꿈꿀 수조차 없는 억압적인 상황을 살아내야 했다. 90년대, 2000년대에 이르러 패러다임의 변화는 그간 형성된 정체성의 질적인 와해에 노출되었다. 한 개인이 자신의 시대를 관통한 이데올로기의 실상을 깨닫기까지의 과정은 쉬운 일이 아니다. 그는 스스로에게 인지된 적들의 나라인 베이징, 내몽고로 뛰어든다. 북한술집에서 그가 만난 적은 또 다른 이데올로기인 자본의 지배를 받는 누이들, 푼푼한 조선족들이다. 사회주의도, 자본주의도 전부 이데올로기의 환상이라면 진짜 적은 무엇일까. 그는 현상계 속에서 묻고 답을 찾아 그의 내면으로 달려간다. 그의 깊은 의식의 층 경계면에서 어릴 때 들었던 목소리 하나가 떠오른다.

뒷간엔 허깨비가 사능겨

니가 올려다보면

고놈은 山 만해지고

내려다보면 고만

퇴끼 똥만 해지지

아래턱에 힘주고 뒷간에 걸터앉으면 누군가 속삭였습니다. 나는 사람이 더 무셔

보면, 아래에는 내 똥, 위에는 내 그림자

언제부턴가 내 속에 숨어사는 것들이 보였습니다

—「허깨비」 부분

언제부터인지도 모르는 시간 저 너머 목소리가 살았다. 내 목소리 같기도 하고 너의 목소리이기도 한, 내 안에서 들리는 것이므로 나이기도 하지만 들여다볼수록 숨어 보이지 않기에 허깨비, 그림자. '그놈은 내가 무서워하면 산만큼 커다래지고 아랫배에 힘주고 내려다보면 토끼 똥만큼 작아진다.' 이 지점이 이하 시의 출발점이 아닐까. 언어로 불리어지는 호명 자체를 의심하기. 그들이 지시한 대상이 실제 적이 아니라 만들어진 적일 수 있다는 인식이다. 누가 만든 적이 아니라 차라리 나 자신이 오인이고 오점이기 때문이다. 따라서 자신의 어린 시절로 돌아가 결여의 시발점을 찾고자 한 행위를 통해 그가 시간의 지층을 건너가면서 아마도 언어의 마술사

가 되어 현상계에서 만난 허깨비, 그림자에게 어떻게든 새로운 상징체계를 부여하리란 짐작을 하게 한다.

그가 어른이 되고도 한참을 헤매고 지친 후의 깨우침이랄까. 그의 속에 숨어 사는 것, 그것은 그의 시의 출발점이지만 텅 빈 지점이다. 감각으로 감지되지 않는 차원 저 너머를 거느리고 있기조차 하다. 그것의 정체를 알기 위해 그는 시인이 되는 길을 택했지만 언어의 그물로 잡을 수 있는 것만도 아니다. 내몽고, 상하이를 거쳐 다시 서울로 돌아와 삼척으로 또 어디로……. 그림자를 잡다가 그림자에 쫓기고 다시 좇고 차라리 함께 살아가자고 손을 내민다. '귀신이 떨면서 속삭인 "나는 사람이 더 무셔"는 바로 내 안 숨어 있는' 텅 빈 골짜기의 메아리였다. 엄마가 등장하지 않는 시 속에서 소년은 스스로 결여의 조건을 통해 자기 안에 숨어 사는 것들을 보게 된다. 이제는 그들의 소리를 듣고 싶기까지 하다. 소년은 컸지만 어른이 될 수 없는 '삼척동자'로 남는다.

방파제에 부대껴 우는
바닷물처럼 묻는다
태어날 때부터 멍이 든
푸른 시계가
지금 시각은 부표라며
등골 떠민다
밤바다가 다 소주라면
한껏 허우적대다

아삼아삼 남은 기억
바다풀에 묶어놓고
아니라 발뺌도 하다
오징어배 등대삼아
너에게 갈 수 있을까
보내자, 놓아주자
지금은 버려진
고백들
혼백들아

―「삼척동자―삼척일기 · 2」 부분

어른이 되면 사라져야 하는 몽고반점이 밤바다에 이르러 다시 깨어나 묻고 있다. 몽고반점은 몸이라는 기표에 새겨진 무의 흔적이다 '푸른 시계'다. 몽고반점이 뿌리에 대해 알고 있는 사람이라면 어떤 시각도 바다 위에 떠도는 부표와도 같다. 너를 만나 '애를 낳고 잘도 산다'는 것조차 잘 포장된 말놀이가 아닌가. 겉표지를 뜯어보면 푸른 시계는 푸른 인광이 되어 물로 만든 시침과 분침으로 녹아내린다. 밤바다에 잠시 등 돌린 순간조차 파도소리가 고막을 적신다. 그러기에 그는 차라리 '보내자 놓아주자'며 자신의 고백들, 이루지 못한 시간의, 장소의 혼백들을 바다에 띄운다. 그는 촛불을 갖고 놀기에는 너무 어른이 되어버렸다. 도저히 어린아이의 시간으로 돌아갈 수가 없다. 그럼, 밤바다 앞에서 푸른 소주를 마셔야만 할까. 그는 시라는 타임머신을 툭탁, 만들어 타고 구보가 되어 경성역사에 선다. 박태원이 기록한 '소설가 구보씨의 일일' 속 경성역사를 2013년 다시 그만의 날개 달린 옷으로 덧입힌다.

2. 경성역사라니?

소설가 구보야, 시선을 발샅에 심고, 모던도 좋지만 어디쯤이니?
벨벳 모자 쓴 여인아, 금시계는 어느 방향을 가리키나요?
공사 중인 건물들, 철판을 따라 늘어선 옛 서울역의 사진들, 집을 잃고 서성이는 불령선인들.
모르는 사람과 마주쳐 깜짝 놀라는 미래인들.

축지법 쓰며 솟구쳐 오르는 마천루만이 시계탑을 내려다보며 코웃음 친다.
경성역의 촘마게를 잡아챈 타워크레인
민둥머리 위에 가발 몇 개 덧씌우고,

-「경성역사」 부분

프로이트에 의하면 어린아이는 엄마의 부재를 현존으로 바꾸는 놀이를 하면서 잃어버린 엄마의 상황을 현실로 받아들인다. 엄마와 아이가 함께 있는 순간(fort), 엄마가 떠났다가 '여기'로 돌아오는 순간(da)으로 대치되는 놀이 '포르트 다(fort-da)'의 구조는 어른이 되고도 달라지지 않는다. 엄마는 이미 없는 것이다. 엄마와 아이의 틈 사이로 영원한 타자인 시간이 개입되었고 그 틈은 무엇으로도 메워지지 않는 것을 알고 있다. 시간은 모든 관계의 끈을 녹여버리고 기억의 끈조차 잘라버린다. 시간의 노선 끝에서 마지막 만나야 할 얼굴은 죽음이다. 내 것이 될 수 없는 죽음은 언제나 등 뒤에서 코웃음을 치고 있으며 '민둥머리에 가발 몇 개 덧씌우지만 시간의 벽관에 나도 너도 갇히게 된다.' '집을 잃고 서성이는 불령선인들'은 끝내 물시계의 운동을 되돌릴 수 없다. 아마 미래의 인간조차 그 상황은 달라지지 않을 것이다. 그렇다면 나는 아무것도 할 수 없는가. 내가 이 모든 것을 인식하는 주체로 매 순간 남아 있을 때, 무너지는 시간과 공간의 교차점으로 지금 여기의 나는 살아 있음의 중심이라고 할 수 있다. 따라서 순간의 의미를 부여하는 행위는 실존의 횡단면인 지금 여기에서 펼쳐지는 현상들을 상징의 언어로 기록하는 것이다. 그는 산책자의 걸음으로 노트를 끼고 경성역사에서 보신각을 지나 2013년의 현실 속으로 걸어 들어간다.

3. 보신각 지나 동, 남, 약, 국

보신각 지나 육의전 보석상 앞, 흰 머리 약사가 있는 동남약국에 들어가 태연을 주문한다. 태연 대신 노인은 유리를 내민다. 少女들은 다 나가고 마시막일세.

중절모를 쓴 할아버지 한 분이 들어와 묻는다. 그런데 少女들은 모두 몇 명이지? 이번 달에만 내 친구 일곱이 죽어나갔거든. 이제 자네와 나 둘만 꼴랑이네.

자양강장제를 마시며 할아버지들은 한 때 아홉이었던 少年들의 시대를 떠올린다. 태연과 유리사이, 지난시대와 지금시대 틈에서 비타500을 홀짝 들이킨다.

언젠가 우리들의 少年과 少女들도 먼저 가거나 남겨지는 날이 끝내 오고야 말까. 서성이다 뒤돌아 나온다. 구관조가 묻는다. 시방 넌 어떤 시대를 살고 있는지.

–「소년들의 시대」 전문

2013년 언어의 지팡이를 두드리며 그는 묻는다. 아마 흰 머리 약사라면 알고 있을지 모른다. 대체 지금은 어떤 이데올로기의 시대요? 뭐? 소녀시대? 소녀라. 그럼, 태연을 하나 줘 보시오. 굳이 태연이 아니고 유리여도 상관없지만. 문득 중절모를 쓴 할아버지가 소녀시대의 한 가운데 선다. '이번 달에만 내 친구들이 일곱이나 죽어 나갔는데…….' 소녀들과 극명하게 대비되는 노인을 등장시켜 소녀시대가 포장된 상품이라는 것을 보여준다. 2013년까지 소녀들은 히트상품으로 팔려나갔으며 그 이유는 그들이 비싼 값을 치르지 않고도 상상적 욕망으로 대체되는 상품이기 때문이다. 내 안의 욕망을 상품으로 만들어 쉽게 교환가치로 만드는 자본주의, 소녀가 상품으로 팔리는 시대에 소년의 실상은 어떤가. 노인이 묻는다. 이제 자본이라는 이데올로기도 그 이면의 꼼수를 보여줄 때가 되지 않았나? 소년들은 이번 달에만 일곱이 죽어 나갔는데 소녀들은 어떤가. 아직도 건재한가?

한때 아홉이었던 소녀시대가 죽어 나가는 날이 마침내 오고야 말 것이라고. 다음은? 그다음에 마주해야 할 건 무엇인가? 텅 빈 장님의 눈알? 차라리 어떤 조명이라도 켜야 하지 않겠는가. 이대로 시커먼 구멍으로 무대를 비워둘 것인가. 자, 성을 팔아먹든 비타500을 팔아먹든 그건 차라리 죽음과 대면하는 것을 미룰 수 있으니 권장 사항이 아닌가. 내 안에 숨어 사는 그것은 괴물인지도 모른다. 도무지 바닥을 알 수 없으며 마침내 무로 스스로를 돌릴지라도 당장 구덩이에 떨어질 이유는 없다. 욕망, 그놈을 잘 먹이고 잘 잠재운 사이 언어의 타임머신을 작동시킨다. 타임을 타고 어쩌면 욕망의 괴물에 잡아먹히지 않고 나 스스로 괴물의 검은 아가리를 건널 수 있을지 모른다. 이제 사람들은 그것의 존재에 대해 안다. 단지 환상이라는 이데올로기여도 그것은 죽음이라는 메워지지 않는 구멍을 덧씌운 긴요한 의복이었다고. 왜 인간만이 옷을 입는지.

4. 이화장 낙산공원 가는 길

함께 사는 사람들은 다닥다닥 벌집처럼 달라붙어 소리의 집을 수놓는다. 아무리 그 소리들이 아픈 소리여도 따뜻하게 들리는 이유는 뭘까. 그들은 서로의 방을 엿보지만 각자 다른 소리들을 내는 이상한 공동체다. 그러나 말하지 않아도 다 알고 있다. 그 소리의 중심은 텅 비었다고. 그래서 소리들의 주인은 복수일 수밖에 없다. 내 안의 무의식에 나 혼자 살아가는 것이 아니듯이. 알튀세는 이데올로기를 '말 건넴'으로 이해한다. 누군가의 호명에 반응할 때 그 순간 이데올로기의 주체가 된다. 그가 자판을 두들기며 소리들을 언어로 기록하는 행위는 이데올로기의 주체가 되고자 하는 행위다. 이데올로기의 중심점은 그러나 검은 구멍이기도 하다.

텅 비었기에 허락된 유일한 조건, 당신이 바로 주인이오. 즉, 호명에 대답하는 것도 오인이지만 대답하지 않는 것도 오인이다. 어떻게 할 것인가. 민주주의가 호명하나 그 중심의 권력은 텅 빈 자리이며 자본의 피라미드 정점 역시 텅 비었다. 그것을 은폐하려는 시도들은 분명 옳지 않은 것이지만 세상은 끊임없이 이데올로기가 작동해야만 살아갈 수 있는 것인지도 모른다. 그래서 시인은 다닥다닥 붙은 산동네 벌집의 한 창문 앞에서 시라는 이데올로기로 뻥 뚫린 노을 뒤의 검은 구멍을 메우려고 더 힘껏 자판을 두드린다. 피부각질 위에서 우리는 분리된 개체여도 각질 아래의 우리는 분리되지 않은 전체인지도 모른다. 이토록 그들의 지나온 이야기가 잘 들리는 까닭이 무엇인가. 마치 내가 살아낸 그 장소 그 시간의 익숙한 소리처럼. 내 안에서 그림자들이 서로 넘나들면서 해골의 춤을 춘다. 언제든 죽을 수 있기에 가장 밝게 살아있다는 소리, 그 소리들.

케이블TV 틀어놓은 채
숨죽여 살 섞는 신혼부부
영화채널에선 궁중음악
두 눈은 질끈 감았다.
명절날 누군가 전이라도

부치면
온몸 뒤집으며 콧잔등
움씰움씰, 고향집은
내려간 지 오래인지라
달뜬 냄새는 낯선데
어쩌다 산까마귀 울음
골안개처럼 날아들면
제 안에 귓바퀴를 대보는
사람들, 너는 무엇으로
들리는 중이니.
쓱쓱 자판을 더 힘껏
두들겨보는 것이다.

–「소리들」 부분

그의 그늘에서 숨은 색 찾기

다시 읽어보는 2012년 홍해리의 시 다섯 편은 각각 그 내용에서 특이한 연관성을 가짐은 물론 이것이 구조적인 특징으로 드러난다. 한 편을 한 층씩 쌓아 올린 오 층의 건축물은 물 위에 이 층, 물속에 잠긴 다른 두 개의 층이 데칼코마니처럼 마주 보고 있다. 물의 표면에 스며있어 잘 보이지 않는 또 하나의 층이 물 위와 물 밑의 접힌 부분으로 숨어있다. 그래서 오 층의 시 건축물은 물 위에 떠 있지만 물속에도 거꾸로 떠 있다. 물 위와 아래, 그사이 경계 지점으로 나누었을 때 각 시점의 층위에 따라 건축물은 다른 형태로 보이기도 하고 시점 또한 늘 달라질 수 있겠기에 이 환영의 구조물은 바라보는 자에게 그때마다 새로운 의미를 선사할 것이다. 이번 읽기의 방문에서 그의 시 다섯 편을 물의 경계면에서 바라보기로 하자. 어떻게 보이는가?

맨 아래층의 바닥엔 짐작할 수 있듯 물의 뿌리와 연결된 작은 문이 열려 있고 검붉은 물이 입을 벌리고 있다. 오 층의 건축물을 지탱하는 중심은 물의 표면과 맞닿은 '그늘'이라는 주름진 층이다. 반들거리는 물의 피부에 닿은 채 물 위의 집은 생각에 잠겨 있다. 혹은 물 위로 잠시 옮겨온 집의 주인은 물속에서 일어났던 일들에 대해 말하고 싶어진다. 물 위에 글자를 적어본다. 금세 지워진다. 밀물지는 물의 주름보다 더 빨리 써본다. 글자와 글자가 서로 달라붙어 의미가 번진다. 잠시 안개가 걷히고 물속이 훤히 비쳐 보이는 순간, 물속 집의 창문이 열린다. 굴절된 빛줄기에 찌그러진 얼굴의 사내가 피가 뚝뚝 떨어지는 칼을 들고 외치고 있다. 내가, 사람을, 사람을 죽였다고, 믿겨져? 내 마누라가 옆집 남자와 바람이 났다고……. 물 위에선 흔한 살인사건의 한 장면이었고 다음 장면으론 사내 스스로 목숨을 끊든지 미쳐가든지……. 카메라의 앵글이 그 뒤를 쫓는다.

그늘이 그늘그늘 드리워진 곳은 어디인가
그늘은 늘 아래 존재한다
그늘은 미끄러워 잡히지 않는다
그런 걸 알면서도 나는 '그늘 아래'라고 겁없이 쓴다
그늘에 아래가 있는가
그러면 그늘의 위는 어디인가
그래 어쩌자고 나는 그늘 아래로 파고드는가
그냥 그늘 속으로 기어들지 않는 것인가
그늘은 무두질 잘 해 놓은 투명한 가죽이다

그늘에서 가죽에 막걸리를 먹여야 좋은 소리가 난다

그늘의 소리가 배어 있다 나온다

그늘북은 슬픔이다

그게 아니다

그것은 젖어 있는 팽팽한 희망이다

그래 나는 늘 그늘이고, 아래에 있고 싶다

–「그늘과 아래」 부분

융은 그림자가 없는 빛은 존재하지 않는다고 말한다. 그러기에 빛과 어둠의 집적물이기도 한 인간은 빛으로 상정되는 완전한 무엇의 결정체가 아니라 완전을 향해 가는 온전함으로 그 존재성이 설명되며 뭐라고 규정하기 어려운 무의식이라는 유동성 때문에 그 근원에 자리하는 존재 원형으로의 '그림자'가 인간의 정신 구조를 설명할 때 제시되곤 한다. 그러므로 그림자의 또 다른 해석 국면인 욕망의 결핍 상태는 인간 조건의 근본성에 자리하며 융의 그림자 이론은 어두운 속성으로의 인격의 한 부분을 드러내기도 한다. 위 시에서의 시인이 언급하는 그늘은 융의 그림자에 포섭되기도 하지만 그 의미를 조금 좁혀본다면 시인이 말하고자 한 그늘은 판소리에서 더 유사하게 그 정신의 친연성을 찾아볼 수 있다. '저 사람 소리엔 그늘이 없어!'라고 하면 소리판에선 끝장이라는 말이다. 즉, 그늘은 삶의 신산고초(辛酸苦楚)를 오래도록 안으로 삭이면서 스스로 긍정하며 이른 경지라 하겠다.

이 말은 그리스 신화 속 오이디프스왕의 비극을 떠올린다. 그는 자신의 맹목성의 날들에 대한 벌로 스스로 두 눈을 찌르고 무수한 삶의 주름을 건너가면서 마침내 이렇게 외친다. '이 많은 시련에도 불구하고 나의 고령과 고결한 영혼은 나로 하여금 이 모든 것이 잘 되었다고 판단하게 한다.' 어둠에서 빛을 향해 나아가는 자의 어둠에 대한 끌어안음은 슬프지만 그 고결성으로 인해 빛난다. 그래서 시인은 그늘 그 아래로 걸어가려 한다. 손을 뻗어보지만 잘 잡히지 않는다. 늘 그의 손엔 손가락 사이로 빠져나간 시간의 모래알이 남아 있다. 펼쳐진 손바닥의 강줄기를 보며 모래알들이 어디로 사라졌는지를 물어본다. 내 안으로? 나의 안이라니? 물의 피부, 그 아래 무엇이 있는가. 시인은 그늘에 앉아 막걸리를 따른다. 그늘이 그늘에게 젖은 불을 먹인다. 흐릿하게 번지는 불빛에 대한 기억 속에서 북소리가 울리고 슬픈 듯하지만 슬픈 것만도 아니다. 젖어 있지만 마냥 축축하지만은 않다. 이제 시간의 주름살이 드리워진 시인은 슬픔 한 잔을 투명한 눈물로 바꿀 줄 안다. 그리고는 문득 그늘 그 아래로 밧줄을 내린다.

박수가 무녀를 만나 수박을 낳는다
자살을 입에 달고 못 죽어서 한이던 여자
한풀이하고 나서 이제는 살자고 야단이다
그렇다 무엇이든 안받음하는 법이라서
살다 보면 살맛나는 맛살도 만나게 되지
죽자고 일만 하다 덜컥 죽어버린 사내
옆집에 살던 죽자竹子 고년을 만나

잘 익은 수박이라도 하나 쩍 소리 나게 쪼개서
쟁반에 안다미로 담아 놓고
빨간 속살을 뭉텅뭉텅 물어뜯었던가
쩍 벌어진 그녀의 입속은 빨갛다
단단한 흑요석 이빨이 반짝이고 있다
수박 속에는 바다가 들어 있다

—「수박을 깨자」 부분

물속엔 지느러미를 반짝이며 빨갛고 노란 물고기가 헤엄치고 물풀이 넘실댄다. 바다 골짜기가 깊어져 어둠과 구분되지 않는 물고기들이 입을 벌리고 물을 삼킨다. '검은 구멍'이라 이름 붙여진 괴물 물고기는 삼켜버린 바다를 호수 크기로 토해낸다. 호수는 더 작아져 사람의 몸통 속으로 들어가고 반은 사람 반은 물고기인 인어공주는 물 위의 세상이 보고 싶어 1865년의 엘리스로 태어난다. 다시 길고 긴 이야기를 시작한다. 엘리스의 이야기는 끝나지 않는다. 엘리스가 물속에서 일어난 이상한 일들을 말할수록 말의 비늘들이 더 빛난다. 젖은 말들이 물 밖에 둥둥 떠다니고 엘리스의 이야기를 듣는 쥐와 애벌레, 미친 모자 장수, 트럼펫 병사들은 비늘을 하나씩 떼어다가 자신의 바다에 옮겨 놓는다. 다섯 편의 시에서 가장 특징적으로 나타나는 언어유희(pun)를 「수박을 깨자」에서 만날 수 있는 이유이다. 이미 시인은 물속에서 아가미 없이 허파로 숨 쉬는 법을 알았기 때문이다 '인어공주가 바다에 몸을 던진 순간 물속에서 커다란 거품이 일어났다'고 엘리스가 말한다. 인어공주가 거품으로 산화하지 않고 왕자와 결혼했다면? 죽자고 일만 하다 죽어버린 사내, 그 사내가 물 아래에선 다시 살아나 옆집 사는 '죽자竹子 고녀'을 만난다. 벌어진 그녀의 입속으로 들어가 빨간 수박살을 뭉텅뭉텅 뜯어먹는다. 수박 속엔 바다가 출렁이고 바다 속에 사는 '죽자'를 통해 결핍을 채우려는 욕망, 살고자 할수록 더 죽어야 하는 물 위와 물 밖의 평행우주, 어두우면 어두울수록 바다 더 깊이 가닿으려는 욕망은 하루살이가 불빛 속에서 죽음을 맞으려는 최후의 몸짓과도 같다. 결핍으로의 욕망은 물의 뿌리에 닿고 싶다. 마지막 한 방울도 남기지 않고 물을 마셔버린다. 마셨다고 생각한다. 자, 이제 물의 뿌리에 이를 수 있을까? 욕망이 사라지는 지점이 있을까?

물 위의 세상은 물 밑의 세상을 억압하고 유폐시키고 거세하려 한다. 욕망엔 바닥이 없다. 밑둥이 뻥 뚫린 원통형처럼 생겼다. 엘리스는 몸이 한없이 작아져 벌레구멍을 타고 어둠 한쪽 끝 빛의 깃에 닿을지도 모른다. 하지만 물속으로 물속으로 내려갔던 여행이 시간의 경사가 급해질수록 숨이 조여듦을 느낀다. 모든 것을 삼켜버릴 회오리가 바로 옆에서 달려오고 있다. 밧줄 좀 던져줘. 누가, 구명조끼 좀 내려줘. 밥줄에 매달려 잠줄에 실려 숨을 할딱이며 물 위루 올라온 그는 이번에도 실패다. 물속 필름을 돌려보면 노출시간이 너무 길었거나 짧았다. 거뭇거뭇하다. 물 위 세상은 하는 일마다 엉키고 깨지고 소란스럽다. 두 팔이 땅바닥을 휘저을 만큼 지쳐버렸다. 주름이 드리워진 안쪽에서 그는 한동안 웅크리고 있다. 그는 코를 벌룽거리고 맥맥한 어둠 속에서 갈증을 느낀 것도 같다.

수박을 한 입 베어 문다. 아, 시원하다. 빨간 피, 말의 뿌리가 뻗어 나가 발가락을 편다. 그는 수박 속 바다를 끌어안고 박수를 친다. 박수 소리가 슬픈 듯 울린다. 물 위 집에 돌아가기 전 그는 한 동이의 물을 퍼 담는 걸 잊지 않는다. 그런 뒤에야 줄을 찾는다. 물동이를 그 끝에 매다니 두레박이 되었다. 검거나 회오리치거나 침묵하는 바다에서 한 동이 물을 물 밖으로 퍼 나르는 일, 시인은 자신이 물속과 물 밖 세상을 이어주는 물장수라는 걸 알고 있다. 물 밖으로 나온 시인의 주머니엔 젖은 종이 한 장이 접혀 있다.

살아 있는 줄, 탯줄 같은
줄을 잡고 한평생 매달렸다면
노끈이나 줄끈이 아닌 명줄이나 길었을까 몰라
쓸데없는 삭아버린 철끈이나 동아줄은
거미줄처럼 얽혀 있지만
과거와 현재와 미래를 이어주는
철綴끈이 철鐵끈이기를 바라면서
줄꾼 노릇도 제대로 못하는 나는
발끈해서 앞뒤 분간도 못하지 않았던가
따끈하지도 화끈하지도 못하고
밤낮 이런 저런 일에 질끈 눈이나 감아 주면서
매끈하게 줄을 타는 연습도 하지 않았지
줄을 타겠다고 끈끈이처럼 매달려 있지 말고
줄이나 끈을 달라고 엎드려 빌어나 볼 일인가

이것저것에게 끈끈히 달라붙어 줄줄이 빌 일인가.

―「줄 또는 끈」 부분

물 밖으로 나온 그는 물속 층계참에서 보고 들었던 일들을 온전한 형태로 되살려내지 못한다. 물의 안과 밖을 감싸고 있는 투명한 막, 시간의 강을 건너면서 무수한 그로 분절되었기 때문이다. 도대체 자아란 것이 하나여야 할 이유가 있을까? 물 밖으로 나가면서 일그러진 얼굴을 만나기도 하고 괴물처럼 이빨을 드러낸 형상들이 스쳐가기도 한다. 자아가 새로 태어나는 시간이다. 내가 받아들이기 힘든 그 모든 대상이 결국 나라는 것, 나라는 주체는 그늘의 지층을 걸어 나오면서 나와 비슷한 것들로 바뀌었다. 기표의 미끄러짐이 일어나는 다섯 편의 시들은 그래서 언어유희면서 유희만은 아니다. 물속의 내가 물 밖으로 나오면서 발화한 목소리의 재현 방식이며 메아리다. 울음을 터뜨리며 물 밖으로 번져 나기 위해선 탯줄을 꼭 잡아야 한다. 시인에게 탯줄은 말의 줄이다. 미끄러진 현재들의 결과물인 과거라는 무의식층과 투명한 물의 피부인 지금 여기의 현재, 무수한 너라고 호명되어질 물방울들의 미래를 이어주는 끈이 바로 말의 줄이라는 걸 시인은 알고 있다. 제대로 줄꾼질을 하기 위해 날마다 새벽 세 시에 일어나서 그는 줄을 타는 연습을 시작한다.

길이 바람을 불러 오고 물을 흐르게 한다

꽃도 길이 되어 곤충을 불러 모은다

길은 긴 이야기를 엮어 역사를 짓는다
길에는 길길이 날뛰던 말의 발자국이 잠들어 있다
길이길이 남을 길든 짐승의 한이 서리서리 서려 있다
살아 있는 것들은 모두 몸에 길이 있다
영혼도 가벼운 발자국으로 길을 낸다
태양과 별이 지구를 향해 환한 길을 만든다
시간은 영원으로 이어지는 끝없는 길이다
기다리는 길이 끊어지고 사라지기도 한다
발바닥 아래 생각이 발딱거리며 가고 있다

―「길은 살아 있다」 부분

무의식의 바다에 두레박을 내려 물 한 동이를 퍼 올리는 이유는 길 때문이다. 길은 스스로 걸어간다. 어디로 가야 할지를 이미 알고 있는 길은 시간의 다른 이름인지도 모른다. 길은 생명 있는 것들의 어머니처럼 길을 가는 개체들을 감싸 안는다. 하늘에 길이 열리면 날개를 퍼득이며 새가 날아간다. 날아간 새의 그림자가 드리워진 사이로 물고기가 스치듯 지나간다. 절름거리며 병신 머저리가 그 길을 따라 걸어갔고 바람이 손을 흔들었고 꽃과 곤충이 팔짱을 끼고 덤불 속에서 깜박이며 사라졌다. 길은 서로 엇섞이면서 각자의 길의 끈으로 실크보다 더 투명한 피륙을 짜고 있다. 그래서 길에는 날뛰던 야생의 발자국들이 들어 있고 짐승의 한이 서려 있으며 길들여지지 않는 울음이 배어 나온다. 길은 개체들의 끈들이 묶였다가 풀리면서 새로운 시간이라는 투명한 피부를 만든다.

붉은 피와 흰 살이 피부 속에서 반짝인다. 이 길은 허공과 적막조차 너끈히 담을 수 있는 빅사이즈다. 개체의 발바닥에 발딱이는 각자의 생각들이 더듬이처럼 살아 있어 허공의 길조차 따뜻하다. 그의 시들은 프로이드의 의식과 무의식의 지형도를 어렴풋이 보여주지만 무의식에서 의식으로 튕겨져 나온 목소리는 다성(多聲)의 소리를 낸다. 그의 시에 동음이의어가 난무하는 까닭이다. 이러한 다성성이 단지 말놀이에만 그친다면 개체들의 관계성에 실패한 것일 테지만 그의 목소리들은 하나의 통일장 속으로 수렴된다. 그것은 그가 발화한 것에서 확인할 수 있듯 침묵에 대한 인식에서 유래한다. 바닥이 보이지 않는 침묵의 바다이기에 그는 오늘도 시의 배를 띄운다.

침묵은 호수처럼 바닥이 보이지 않는다
말로도 못할 일이 있다
완전한 불완전,
그것이 시의 절대자유, 생명이요, 꽃이다
시에는 나침반이 없다
가는 길이 천양지간 사방이다
시는 침묵이 피우는 맹목의 꽃
그 열매가 향기로 너에게 간다
맹물의 시다.

―「침묵」 부분

물 위의 말들은 물의 바닥에 이를 수 없다. 이미 소리라는 옷을 입은 말들은 차원을 하나 더 거느리고 있다는 점에선 2차원에서의 문자의 의미와 일치하지 않는다. 물 위의 집과 물속의 집을 등에 지고 시인은 지나온 시간의 급류, 물속 캄캄한 시간의 나이테를 떠올린다. 그의 손에 들린 한 편의 시, 아직 숨이 할딱이는 물고기를 종이 철창에 가두어야 할까. 차라리 냉동 보관할 것인가. 그의 손에 들린 막 건져 올린 한 편의 시는 물고기만도 사람만도 아니며 꽃이면서 꽃만도 아닌 그 무엇이다. 생명! 흐리거나, 또렷하게, 간지럽거나 눈 시리게 어디선가 생명이라고 말하는 소리가 들린다. 발화된 생명은 다시 번지고 퍼진다. 끝없이 흐르는 데로 몸을 맡기면서 더 크게 어디선가 생명의 소리를 들은 것도 같다. 물의 한 쪽 끝엔 한 줌 모래의 시가 있다. 다른 쪽 끝엔 침묵이 있다. 둘 사이엔 강이 흐르고 주름진 강은 결핍 때문에 새로운 물결을 일으킨다. 둘은 서로 평행선을 달리면서 마주 보는 모양이 박수무당과 그 짝인 무녀를 닮았다. 완전을 꿈꾸지만 장님 머저리의 애인인 너를 닮았다.

시 읽기의 새로운 물음

지은이 · 이병금
펴낸이 · 유재영, 유정융
펴낸곳 · 주식회사 동학사

1판1쇄 · 2023년 12월 20일
출판등록 · 1987년 11월 27일 제10-149

주소 · 04083 서울 마포구 토정로53 (합정동)
전화 · 324-6130, 324-6131 | 팩스 · 324-6135
E-메일 | dhsbook@hanmail.net
홈페이지 | www.donghaksa.co.kr
www.green-home.co.kr

ISBN 978-89-7190-878-5 03800

※ 이 책은 경기도, 경기문화재단의 지원을 받아 발간되었습니다.